La condición postmoderna

Colección Teorema
Serie Mayor

Jean-François Lyotard

La condición postmoderna

Informe sobre el saber

Traducción de Mariano Antolín Rato

OCTAVA EDICIÓN

CATEDRA

TEOREMA

1.ª edición, 1984
8.ª edición, 2004

Diseño de cubierta: Diego Lara
Ilustración de cubierta: Alberto Solsona

© Éditions de Minuit
Ediciones Cátedra (Grupo Anaya, S. A.), 1984, 2004
Juan Ignacio Luca de Tena, 15. 28027 Madrid
Depósito legal: M. 2.589-2004
ISBN: 84-376-0466-4
Printed in Spain
Impreso en Anzos, S. L.
Fuenlabrada (Madrid)

Índice

Introducción

Este estudio tiene por objeto la condición del saber en las sociedades más desarrolladas. Se ha decidido llamar a esta condición «postmoderna». El término está en uso en el continente americano, en pluma de sociólogos y críticos. Designa el estado de la cultura después de las transformaciones que han afectado a las reglas de juego de la ciencia, de la literatura y de las artes a partir del siglo XIX. Aquí se situarán esas transformaciones con relación a la crisis de los relatos.

En origen, la ciencia está en conflicto con los relatos. Medidos por sus propios criterios, la mayor parte de los relatos se revelan fábulas. Pero, en tanto que la ciencia no se reduce a enunciar regularidades útiles y busca lo verdadero, debe legitimar sus reglas de juego. Es entonces cuando mantiene sobre su propio estatuto un discurso de legitimación, y se la llama filosofía. Cuando ese metadiscurso recurre explícitamente a tal o tal otro gran relato, como la dialéctica del Espíritu, la hermenéutica del sentido, la emancipación del sujeto razonante o trabajador, se decide llamar «moderna» a la ciencia que se refiere a ellos para legitimarse. Así, por ejemplo, la regla del consenso entre el destinador y el destinatario de un enunciado con valor de verdad será considerada aceptable si se inscribe en la perspectiva de una unanimidad posible de los espíritus razonantes: ese era el relato de las Luces, donde el héroe del saber trabaja para un buen fin épico-político, la paz universal. En este caso se ve que, al legitimar el saber por medio de un metarrelato que implica una filosofía de la historia, se está cuestionando la validez de las instituciones que rigen el lazo social: también ellas exigen ser legitimadas. De ese modo, la justicia se encuentra referida al gran relato, al mismo título que la verdad.

Simplificando al máximo, se tiene por «postmoderna» la incredulidad con respecto a los metarrelatos. Ésta es, sin duda, un efecto del progreso de las ciencias; pero ese progreso, a su vez, la presupone. Al desuso del dispositivo metanarrativo de legitimación corresponde especialmente la crisis de la filosofía metafísica, y la de la institución universitaria que dependía de ella. La función narrativa pierde sus functores, el gran héroe, los grandes peligros, los grandes periplos y el gran propósito. Se dispersa en nubes de elementos lingüísticos narrativos, etc., cada uno de ellos vehiculando consigo valencias pragmáticas *sui generis.* Cada uno de nosotros vive en la encrucijada de muchas de ellas. No formamos combinaciones lingüísticas necesariamente estables, y las propiedades de las que formamos no son necesariamente comunicables.

Así, la sociedad que viene parte menos de una antropología newtoniana (como el estructuralismo o la teoría de sistemas) y más de una pragmática de las partículas lingüísticas. Hay muchos juegos de lenguaje diferentes, es la heterogeneidad de los elementos. Sólo dan lugar a una institución por capas, es el determinismo local.

Los *decididores* intentan, sin embargo, adecuar esas nubes de sociabilidad a matrices de *imput/output,* según una lógica que implica la conmensurabilidad de los elementos y la determinabilidad del todo. Nuestra vida se encuentra volcada por ellos hacia el incremento del poder. Su legitimación, tanto en materia de justicia social como de verdad científica, sería optimizar las actuaciones del sistema, la eficacia. La aplicación de ese criterio a todos nuestros juegos no se produce sin cierto terror, blando o duro: Sed operativos, es decir, conmensurables, o desapareced.

Esta lógica del más eficaz es, sin duda, inconsistente a muchas consideraciones, especialmente a la de contradicción en el campo socio-económico: quiere a la vez menos trabajo (para abaratar los costes de producción), y más trabajo (para aliviar la carga social de la población inactiva). Pero la incredulidad es tal, que no se espera de esas inconsistencias una salida salvadora, como hacía Marx.

La condición postmoderna es, sin embargo, tan extraña al desencanto, como a la positividad ciega de la deslegitimación. ¿Dónde puede residir la legitimación después de los metarrelatos? El criterio de operatividad es tecnológico, no es pertinente para juzgar lo verdadero y lo justo. ¿El consenso obtenido por discusión, como piensa Habermas? Violenta la heterogeneidad de los juegos de lenguaje. Y la invención siempre se hace en el disentimiento. El saber postmoderno no es solamente el instrumento de los poderes. Hace más útil nuestra sensibilidad ante las diferencias, y fortalece nuestra capacidad de soportar lo inconmensurable. No encuentra su razón en la homología de los expertos, sino en la paralogía de los inventores.

La cuestión abierta es ésta: ¿es practicable una legitimación del lazo social, una sociedad justa, según una paradoja análoga a la de la actividad científica? ¿En qué consistiría?

El texto que sigue es un escrito de circunstancias. Se trata de un informe sobre el saber en las sociedades más desarrolladas que ha sido propuesto al *Conseil des Universités* del gobierno de Quebec, a demanda de su presidente. Este último ha autorizado amablemente su publicación en Francia: gracias le sean dadas.

Queda añadir que el informador es un filósofo, no un experto. Éste sabe lo que sabe y lo que no sabe, aquél no. Uno concluye, el otro interroga, ahí están dos juegos de lenguaje. Aquí se encuentran entremezclados, de modo que ni el uno ni el otro llevan a buen término.

El filósofo, por lo menos, puede consolarse diciéndose que el análisis formal y pragmático de ciertos discursos de legitimación, filosóficos y ético-políticos, que subtiende la Relación, verá el día después de él: lo habrá introducido, mediante un rodeo un tanto sociologizante, que lo acorta pero que lo sitúa.

Tal y como está lo dedicamos al Instituto politécnico de filosofía de la Universidad de París VIII (Vincennes), en el momento muy postmoderno en que esta universidad se expone a desaparecer y ese instituto a nacer.

1
El campo:
El saber en las sociedades informatizadas

Nuestra hipótesis es que el saber cambia de estatuto al mismo tiempo que las sociedades entran en la edad llamada postindustrial y las culturas en la edad llamada postmoderna[1]. Este paso ha comenzado cuando menos desde fines de los años 50, que para Europa señalan el fin de su reconstrucción. Es más o menos rápido según los países, y en los países según los sectores de actividad: de ahí una discronía general que no permite fácilmente la visión. de conjunto[2]. Una parte de las descripciones no puede dejar de ser conjetural. Y se sabe que es imprudente otorgar un crédito excesivo a la futurología[3].

Más que de trazar un cuadro que no puede ser completo, se partirá de una característica que determina inmediatamente

---

[1] A. Touraine, *La société postindustrielle,* París, Denoël, 1969 (trad. esp., *La sociedad postindustrial,* Ariel, Barcelona, 1973); D. Bell, *The Coming of Post-Industrial Society,* Nueva York, 1973; Ihab Hassan, *The Dismemberment of Orpheus: Toward a Post Modern Literature,* Nueva York, Oxford U. P., 1971; M. Benamou & Ch. Caramello Eds., *Performance in Postmodern Culture,* Wisconsin, Center for XXth Century Studies & Coda Press, 1977; M. Köhler, «Posmodernismus: ein begriffgeschichtlicher Ueberblick», *Amerikastudien,* 22, 1, 1977.

[2] Una expresión literaria ya clásica de esto la da M. Butor, *Mobile. Étude pour une représentation des Estats-Unis,* París, Gallimard, 1962.

[3] Jif Fowles Ed., *Handbook of Futures Research,* Westport, Conn., Greenwood Press, 1978.

nuestro objeto. El saber científico es una clase de discurso. Pues se puede decir que desde hace cuarenta años las ciencias y las técnicas llamadas de punta se apoyan en el lenguaje: la fonología y las teorías lingüísticas[4], los problemas de la comunicación y la cibernética[5], las álgebras modernas y la informática[6], los ordenadores y sus lenguajes[7], los problemas de traducción de los lenguajes y la búsqueda de compatibilidades entre lenguajes-máquinas[8], los problemas de la memorización y los bancos de datos[9], la telemática y la puesta a punto de terminales «inteligentes»[10], la paradojología[11]: he ahí testimonios evidentes, y la lista no es exhaustiva.

La incidencia de esas transformaciones tecnológicas sobre el saber parece que debe de ser considerable. El saber se encuentra o se encontrará afectado en dos principales funciones: la investigación y la transmisión de conocimientos. Para la primera, un ejemplo accesible al profano nos lo proporciona la genética, que debe su paradigma teórico a la cibernética. Hay otros cientos. Para la segunda, se sabe que al normalizar, miniaturizar y comercializar los aparatos, se modifican ya hoy en día las opera-

[4] N. S. Trubetzkoy, *Grundzüge der Phonologie*, Praga, T.C.L.P., VII, 1939. (Trad. esp., *Principios de fonología*, Madrid, Cincel, 1976.)

[5] N. Wiener, *Cybernetics and Society. The Human Use of Human Beings*, Boston, Hougton Mifflin, 1949; W. R. Ashby, *An Introduction to Cybernetics*, Londres, Chapman and Hall, 1956.

[6] Véase la obra de Johannes von Neumann (1903-1957).

[7] S. Bellert, «La formalisation des systèmes cybernétiques», en *Le concept d'information dans la science contemporaine*, París, Minuit, 1965.

[8] G. Mounin, *Les problèmes théoriques de la traduction*, París, Gallimard, 1963 (trad. esp., *Problemas teóricos de la traducción*, Madrid, Gredos, 1977). Se fecha en 1965 la revolución de los ordenadores con la nueva generación de computadores 360 IBM; R. Moch, «Le tournant informatique», *Documents contributifs*, anexo IV, *L'informatisation de la société*, París, La Documentation française, 1978; R. M. Ashby, «La seconde génération de la micro-électronique», *La Recherche*, 2, junio 1970, págs. 127 y ss.

[9] C. L. Gaudfernan & A. Thaïb, «Glossaire», en P. Nora & A. Minc, *L'informatisation de la société*, París, La Documentation française, 1978 (trad. esp., *La informatización de la sociedad*, Madrid, F.C.E., 1980); R. Beca, «Les banques de données», *Nouvelle informatique et nouvelle croissance*, anexo I, *L'informatisation..., loc. cit.*

[10] L. Joyeux, «Les applications avancées de l'informatique», *Documents contributifs, loc. cit.* Los terminales domésticos (Integrated Video Terminals) serán comercializados antes de 1984, al precio de unos 1.400 dólares U.S., según un informe del International Resource Development, *The Home Terminal*, Conn., I.R.D. Press, 1979.

[11] Watzlawick, J. Helmick-Beavin, D. Jackson, *Pragmatics of Human Communication. A Study of Interactional Patterns, Pathologies, and Paradoxes*, Nueva York, Northorn, 1967.

ciones de adquisición, clasificación, posibilidad de disposición y de explotación de los conocimientos[12]. Es razonable pensar que la multiplicación de las máquinas de información afecta y afectará a la circulación de los conocimientos tanto como lo ha hecho el desarrollo de los medios de circulación de hombres primero (transporte), de sonidos e imágenes después (media)[13].

En esta transformación general, la naturaleza del saber no queda intacta. No puede pasar por los nuevos canales, y convertirse en operativa, a no ser que el conocimiento pueda ser traducido en cantidades de información[14]. Se puede, pues, establecer la previsión de que todo lo que en el saber constituido no es traducible de ese modo será dejado de lado, y que la orientación de las nuevas investigaciones se subordinará a la condición de traducibilidad de los eventuales resultados a un lenguaje de máquina. Los «productores» del saber, lo mismo que sus utilizadores, deben y deberán poseer los medios de traducir a esos lenguajes lo que buscan, los unos al inventar, los otros al aprender. Sin embargo, las investigaciones referidas a esas máquinas intérpre-

---

[12] J. M. Treille, del Grupo de análisis y de prospectiva de los sistemas económicos y tecnológicos (G.A.P.S.E.T.), declara: «No se habla bastante de las nuevas posibilidades de diseminación de la memoria, en particular gracias a los semiconductores y a los lásers (...) Cada uno podrá muy pronto almacenar a bajo precio la información donde quiera, y disponer de un aumento de la capacidad de tratamiento autónomo» (*La semaine media,* 16, 15 de febrero de 1979). Según una encuesta de la National Scientific Foundation, más de un alumno de *high school* de cada dos utiliza corrientemente los servicios de un ordenador: las instalaciones escolares poseerán todas ellas uno desde comienzos de los años 80 (*La semaine media,* 13, 25 de enero de 1979).

[13] L. Brunel, *Des machines et des hommes,* Montreal, Quebec Science, 1978; J. L. Missika & D. Wolton, *Les réseaux pensants,* París, Librairie technique et doc, 1978. El uso de la videoconferencia entre Quebec y Francia va camino de convertirse en una costumbre: en noviembre y diciembre de 1978 ha tenido lugar el cuarto ciclo de videoconferencias en directo (a través del satélite Symphonie) entre Quebec y Montreal por una parte, y París (Universidad París Norte y Centro Beaubourg) por otra (*La semaine media,* 5, 30 de noviembre de 1978). Otro ejemplo, el periodismo electrónico. Las tres grandes cadenas norteamericanas A.B.C., N.B.C. y C.B.S. han multiplicado tanto sus estudios de producción por todo el mundo que casi todos los acontecimientos que se producen pueden ahora ser tratados electrónicamente y transmitidos a los Estados Unidos por satélite. Sólo la redacción de Moscú continúa trabajando con película, que manda a Frankfurt para su difusión vía satélite. Londres se ha convertido en el gran *packing point* (*La semaine media,* 20, 15 de marzo de 1979).

[14] La unidad de información es el bit. Para sus definiciones, ver Gaudfernan & Thaïb, «Glossaire», *loc. cit.* Discusión en R. Thom, «Un protée de la sémantique: l'information» (1973), en *Modèles mathématiques de la morphogenèse,* París, 10/18, 1974. La transcripción de mensajes a un código digital permite especialmente eliminar las ambivalencias; ver Watzlawick *et al., op. cit.,* 98.

tes ya están avanzadas[15]. Con la hegemonía de la informática, se impone una cierta lógica, y, por tanto, un conjunto de prescripciones que se refieran a los enunciados aceptados como «de saber».

Se puede, por consiguiente, esperar una potente exteriorización del saber con respecto al «sabiente», en cualquier punto en que éste se encuentre en el proceso de conocimiento. El antiguo principio de que la adquisición del saber es indisociable de la formación *(Bildung)* del espíritu, e incluso de la persona, cae y caerá todavía más en desuso. Esa relación de los proveedores y de los usuarios del conocimiento con el saber tiende y tenderá cada vez más a revestir la forma que los productores y los consumidores de mercancías mantienen con estas últimas, es decir, la forma valor. El saber es y será producido para ser vendido, y es y será consumido para ser valorado en una nueva producción: en los dos casos, para ser cambiado. Deja de ser en sí mismo su propio fin, pierde su «valor de uso»[16].

Se sabe que el saber se ha convertido en los últimos decenios en la principal fuerza de producción[17], lo que ya ha modificado notablemente la composición de las poblaciones activas de los

---

15 Las firmas Craig y Lexicon anuncian el lanzamiento al mercado de traductores de bolsillo: cuatro módulos en idiomas diferentes aceptados simultáneamente, cada uno con 1.500 palabras, con memoria. La Weidner Communication Systems Inc. produce un *Multilingual Word Processing* que permite alcanzar la capacidad de un traductor medio de 600 a 2.400 palabras a la hora. Comporta una triple memoria: diccionario bilingüe, diccionario de sinónimos, índice gramatical *(La semaine media,* 6, 6 de diciembre de 1978).

16 J. Habermas, *Erkenntnis und Interesse,* Frankfurt, 1968.

17 «La base *(Grundpfeiler)* de la producción y de la riqueza (...) se convierte en la inteligencia y la dominación de la naturaleza en la existencia del hombre en tanto que cuerpo social», de modo que «el saber social general, el *knowledge,* se convierte en fuerza de producción inmediata», escribe Marx en los *Grundisse der Kritik der politischen Oekonomie* (1857-1858), Berlín, Dietz Verlag, 1953, página 594, de la traducción francesa de Dangeville, *Fondements de L'économie politique,* París, Anthropos, 1968, hay una versión en castellano: *Fundamentos de la crítica de la economía política,* La Habana, Instituto del Libro, 1970. No obstante, Marx concede que no es «en la forma del saber, sino como órgano inmediato de la praxis social», el modo en que el conocimiento se convierte en fuerza; es decir, como máquinas: éstas son «órdenes del cerebro humano forjados por la mano del hombre, fuerza de saber objetivada». Ver P. Mattick, *Marx and Keynes, The Limits of the Mixed Economy,* Boston, Sargent, 1969. Discusión en J. F. Lyotard, «La place de l'aliénation dans le retournement marxiste» (1969), en *Dérive à partir de Marx et Freud,* París, 10/18, 1973. Hay edición castellana, *A partir de Marx y Freud,* Madrid, Fundamentos, 1975.

países más desarrollados[18], y que es lo que constituye el principal embudo para los países en vías de desarrollo. En la edad postindustrial y postmoderna, la ciencia conservará y, sin duda, reforzará más aún su importancia en la batería de las capacidades productivas de los Estados-naciones. Esta situación es una de las razones que lleva a pensar que la separación con respecto a los países en vías de desarrollo no dejará de aumentar en el porvenir[19].

Pero este aspecto no debe hacer olvidar el otro, que es complementario. En su forma de mercancía informacional indispensable para la potencia productiva, el saber ya es, y lo será aún más, un envite mayor, quizá el más importante, en la competición mundial por el poder. Igual que los Estados-naciones se han peleado para dominar territorios, después para dominar la disposición y explotación de materias primas y de mano de obra barata, es pensable que se peleen en el porvenir para dominar las informaciones. Así se abre un nuevo campo para las estrategias industriales y comerciales y para las estrategias militares y políticas[20].

Con todo, la perspectiva así aislada no es tan simple como se acaba de expresar. Pues la mercantilización del saber no podrá dejar intacto el privilegio que los Estados-naciones modernos detentaban y detentan aún en lo que concierne a la producción y difusión de conocimientos. La idea de que éstos parten de ese «cerebro» o de esa «mente» de la sociedad que es el Estado se

---

[18] La composición de la categoría trabajadores *(labor force)* en los Estados Unidos se ha modificado como sigue en veinte años (1950-1971):

	1950	1971
Obreros industriales de servicios o agrícolas	62,5%	51,4%
Profesionales liberales y técnicos	7,5%	14,2%
Empleados	30 %	34 %

(Statistical Abstracts, 1971)

[19] En razón de la duración del tiempo de «fabricación» de un técnico superior o de un científico medio con respecto al tiempo de extracción de las materias primas y de la transferencia del capital moneda. A fines de los años 60, Mattick evaluaba la tasa de inversiones netas en los países subdesarrollados del 3 al 5 por 100 del P.N. B.; en los píses desarrollados, del 10 al 15 por 100 *(op. cit.).*

[20] Nora & Minc, *op. cit.,* en especial la primera parte: «Los desafíos»; Y. Stourdzé, «Les Etats-Unis la guerre et des communications», *Le Monde,* 13-15 de diciembre de 1978. Valor del mercado mundial de los aparatos de telecomunicación en 1979: 30 mil millones de dólares; se estima que en diez años llegará a los 68 mil millones *(La semaine media,* 19, 8 de marzo de 1979).

volverá más y más caduca a medida que se vaya reforzando el principio inverso según el cual la sociedad no existe y no progresa más que si los mensajes que circulan son ricos en informaciones y fáciles de descodificar. El Estado empezará a aparecer como un factor de opacidad y de «ruido» para una ideología de la «transparencia» comunicacional, la cual va a la par con la comercialización de los saberes. Es desde este ángulo desde el que se corre el riesgo de plantear con una nueva intensidad el problema de las relaciones entre las exigencias económicas y las exigencias estatales.

Ya en los decenios precedentes, las primeras han podido poner en peligro la estabilidad de las segundas gracias a formas nuevas de circulación de capitales, a las que se ha dado el nombre genérico de empresas multinacionales. Estas formas implican que las decisiones relativas a la inversión escapan, al menos en parte, al control de los Estados-naciones[21]. Con la tecnología informacional y telemática, esta cuestión amenaza con convertirse en más espinosa aún. Admitamos, por ejemplo, que una firma como IBM sea autorizada a ocupar una banda del campo orbital de la Tierra para colocar en ella satélites de comunicaciones y/o de banco de datos. ¿Quién tendrá acceso a ellos? ¿Quién definirá los canales o los datos prohibidos? ¿Será el Estado? ¿O bien éste será un usuario entre otros? Se plantean así nuevos problemas de derecho y a través de ellos la cuestión: ¿quién sabrá?

La transformación de la naturaleza del saber puede, por tanto, tener sobre los poderes públicos establecidos un efecto de reciprocidad tal que los obligue a reconsiderar sus relaciones de hecho y de derecho con respecto a las grandes empresas y más en general con la sociedad civil. La reapertura del mercado mundial, la reanudación de una competencia económica muy viva, la desaparición de la hegemonía exclusiva del capitalismo americano, el declive de la alternativa socialista, la apertura probable del mercado chino al comercio, y bastantes otros factores, ya han venido, en los últimos años de los 70, a preparar a los Estados para una seria revisión del papel que habían adquirido la costumbre de interpretar a partir de los años 30, y que era de pro-

---

[21] F. de Combret, «Le redéploiement industriel», *Le Monde.* abril de 1978; H. Lepage, *Demain le capitalisme,* París, 1978 (trad, esp. en Alianza, 1979); Alain Cotta, *La France et l'impératif mondial,* París, P.U.F., 1978.

tección y de conducción, e incluso de planificación de las inversiones[22]. En ese contexto, las nuevas tecnologías, dado que hacen que los datos útiles para las decisiones (y por tanto, los medios del control) sean todavía más móviles y sujetos a la piratería, no vienen sino a agravar la urgencia de ese reexamen.

En lugar de ser difundidos en virtud de su valor «formativo» o de su importancia política (administrativa, diplomática, militar), puede imaginarse que los conocimientos sean puestos en circulación según las mismas redes que la moneda, y que la separación pertinente a ellos deje de ser saber/ignorancia para convertirse, como para la moneda en «conocimientos de pago /conocimientos de inversión», es decir: conocimientos intercambiados en el marco del mantenimiento de la vida cotidiana (reconstitución de la fuerza de trabajo, «supervivencia»), *versus* créditos de conocimientos con vistas a optimizar las actuaciones de un programa.

En ese caso, éste tendría la transparencia del liberalismo. Lo que no impide que en los flujos de dinero, unos sirvan para decidir mientras que los otros sólo sirvan para adquirir. Se imaginan paralelamente flujos de conocimientos que pasan por los mismos canales y de la misma naturaleza, pero de los que unos estarían reservados a los «decididores», mientras que los otros servirían para pagar la deuda perpetua de cada uno con respecto al lazo social.

---

[22] Se trata de «debilitar a la administración», de llegar al «Estado mínimo». Es el declive del *Welfare State*, concomitante a la «crisis» iniciada en 1974.

2
El problema: La legitimación

Tal es, pues, la hipótesis de trabajo que determina el campo
en el que pretendemos plantear la cuestión del estatuto del saber. Este planteamiento, pariente de aquel llamado «informatización de la sociedad», aunque propuesto con un espíritu totalmente distinto, no tiene la pretensión de ser original, ni siquiera
de ser verdadero. Lo que se le exige a una hipótesis de trabajo es
una gran capacidad discriminadora. El planteamiento de la información de las sociedades más desarrolladas permite sacar a
plena luz, incluso arriesgándose a exagerarlos excesivamente,
ciertos aspectos de la transformación del saber y sus efectos sobre los poderes públicos y sobre las instituciones civiles, efectos
que resultarían poco perceptibles desde otras perspectivas. No es
preciso, por tanto, concederle un valor provisional con respecto
a la realidad, sino estratégico con respecto a la cuestión planteada.

Con todo, su credibilidad es considerable, y en ese sentido la
elección de esta hipótesis no es arbitraria. Su descripción ya ha
sido ampliamente elaborada por los expertos[23], y dirige ya ciertas decisiones de la administración pública y de las empresas
más directamente implicadas, como las que controlan las teleco-
municaciones. Ya forma parte del orden de las realidades obser-
vables. En fin, si al menos se excluye el caso de un estancamien-
to o de una recesión general debida, por ejemplo, a una ausencia

---

[23] *La nouvelle informatique et ses utilisateurs,* anexo III, «L'informatisation,
etc.», *loc. cit.*

persistente de solución al problema mundial de la energía, ese planteamiento tiene bastantes oportunidades de imponerse: pues no se ve qué otra orientación podrían seguir las tecnologías contemporáneas que pueda ofrecerse como alternativa a la informatización de la sociedad.

Y lo mismo decir que la hipótesis es banal. Pues lo es sólo en la medida en que no pone en tela de juicio el paradigma general del progreso de las ciencias y de las técnicas, al cual parecen servir de eco totalmente natural el crecimiento económico y el desarrollo del poder sociopolítico. Se admite como evidente que el saber científico y técnico se acumula, todo lo más que se discute es la forma de esta acumulación; unos la imaginan regular, continua y unánime, otros periódica, discontinua y conflictiva[24].

Esas evidencias son engañosas. En principio, el saber científico no es todo el saber, siempre ha estado en excedencia, en competencia, en conflicto con otro tipo de saber, que para simplificar llamaremos narrativo y que será caracterizado más adelante. Lo que no quiere decir que éste pueda imponerse, aunque su modelo esté ligado a ideas de equilibrio interior y de convivialidad[25], en comparación con las cuales el saber científico contemporáneo queda descolorido, sobre todo si debe someterse a una exteriorización con relación al «sabiente» y una alienación en sus usuarios todavía más fuerte que ayer. La desmoralización de los investigadores y de los enseñantes que resulta es tan poco despreciable que ha estallado como se sabe entre los que se destinaban a ejercer esas profesiones, los estudiantes, durante los años 60, en todas las sociedades más desarrolladas, y ha podido frenar sensiblemente durante ese periodo el rendimiento de los laboratorios y de las universidades que no habían sido preservadas de su contaminación[26]. No se trata, ni se trataba, de esperar

---

[24] B. P. Lécuyer, «Bilan et perspectives de la sociologie des sciences dans les pays occidentaux», *Archives de sociologie,* XIX (1978) (bibliog.), págs. 257-336. Buena información sobre las corrientes anglosajonas: hegemonía de la escuela de Merton hasta principios de los años 70, dispersión actual, especialmente bajo el influjo de Kuhn; poca información sobre la sociología alemana de la ciencia.

[25] El término ha sido acreditado por Ivan Illich, *Tools for Conviviality,* Nueva York, Harper & Row, 1973. (Trad. esp., *La convivencialidad,* Barcelona, Barral, 1975).

[26] Sobre esta «desmoralización», ver A. Jaubert y J. M. Lévy-Leblond Eds. *(Auto)critique de la science,* Paris, Seuil, 1973, parte I.

una revolución, tanto si se la desea como si se la teme, como fue frecuentemente el caso; el curso de las cosas de la civilización postindustrial no será cambiando de un día para otro. Pero es imposible no tomar en consideración este componente mayor, la duda de los científicos, cuando se trata de valorar el estatuto presente y futuro del saber científico.

Tanto más, cuanto que en segundo lugar interfiere con el problema esencial, que es el de la legitimación. Tomamos aquí la palabra en un sentido más amplio que el que se le confiere en la discusión de la cuestión de la autoridad por parte de los teóricos alemanes contemporáneos[27]. Sea una ley civil: se dicta: tal categoría de ciudadanos debe realizar tal tipo de acción. La legitimación es el proceso por el cual un legislador se encuentra autorizado a promulgar esa ley como una norma. Sea un enunciado científico; está sometido a la regla: un enunciado debe presentar tal conjunto de condiciones para ser aceptado como científico. Aquí, la legitimación es el proceso por el cual un «legislador» que se ocupa del discurso científico está autorizado a prescribir las condiciones convenidas (en general, condiciones de consistencia interna y de verificación experimental) para que un enunciado forme parte de ese discurso, y pueda ser tenido en cuenta por la comunidad científica.

La comparación puede parecer forzada. Se verá que no lo es. Desde Platón la cuestión de la legitimación de la ciencia se encuentra indisolublemente relacionada con la de la legitimación del legislador. Desde esta perspectiva, el derecho a decidir lo que es verdadero no es independiente del derecho a decidir lo que es justo, incluso si los enunciados sometidos respectivamente a una u otra autoridad son de naturaleza diferente. Hay un hermanamiento entre el tipo de lenguaje que se llama ciencia y ese otro que se llama ética y política: uno y otro proceden de una misma perspectiva o si se prefiere de una misma «elección», y ésta se llama Occidente.

Examinando el actual estatuto del saber científico, se constata que incluso cuando este último parecía más subordinado que nunca a las potencias, y con las nuevas tecnologías se expone a convertirse en uno de los principales elementos de sus conflictos, la cuestión de la doble legitimación, lejos de difuminarse, no

---

[27] J. Habermas, *Legitimationsprobleme im Spätkapitalismus,* Frankfurt, Suhrkamp, 1973.

puede dejar de plantearse con mayor intensidad. Pues se plantea en su forma más completa, la de la reversión, que hace aparecer que saber y poder son las dos caras de una misma cuestión: ¿quién decide lo que es saber, y quién sabe lo que conviene decidir? La cuestión del saber en la edad de la informática es más que nunca la cuestión del gobierno.

3
El método:
Los juegos de lenguaje

Ya se habrá apreciado por lo que procede que, al analizar ese problema en el marco que hemos determinado, hemos preferido un procedimiento: el de poner el acento sobre los actos de habla, y dentro de esos actos, sobre su aspecto pragmático[28]. Con objeto de facilitar la continuación de la lectura, es útil realizar un resumen, incluso sumario, de lo que entendemos por ese término.

Un enunciado denotativo[29] como: *La universidad está enferma,* pronunciado en el marco de una conversación o de una entrevista sitúa a su destinador (el que lo enuncia), a su destinatario (el que lo recibe) y a su referente (aquello de lo que el enun-

---

[28] En la línea de la semiótica de Ch. A. Pierce, la distinción de los dominios sintácticos, semánticos y pragmáticos la hace Ch. W. Morris, «Foundations of the Theory of Signs», en O. Neurath, R. Carnap & Ch. Morris Eds., *International Encyclopedie or Unified Science,* I, 2 (1938), págs. 77-137. Nosotros nos referimos con ese término sobre todo a L. Wittgenstein, *Philosophical Investigations,* 1945; J. L. Austin, *How Do Things with Words,* Oxford, 1962; (hay trad. esp., en Paidos Ibérica, 1982); J. L. Searle, *Speech Acts,* Cambridge U. P., 1969; (trad. esp., *Actos de habla,* Madrid, Cátedra, 1980); J. Habermas, «Unbereitende Bemerkungen zu einer Theorie der kommunikativen Kompetens», en Habermas & Luhmann, *Theorie der Gesellschaft oder Sozialtechonologie,* Stuttgart, Suhrkamp, 1971; O. Ducrot, *Dire et ne pas dire,* París, Hermann, 1972; (hay trad. esp., en Anagrama, 1982); J. Poulain, «Vers une pragmatique nucléaire de la communication», maquinascrito, Universidad de Montreal, 1977. Ver también, Watzlawick, *et al., op. cit.*

[29] *Denotación* corresponde aquí a *descripción* en el uso clásico de los lógicos. Quine reemplaza *denotación* por *true of* (verdad de). Ver W. V. Quine, *Word and Object,* Cambridge de Mass., MIT Press, 1960; trad. esp., *Palabra y objeto,* Barcelona, Labor, 1968. Austin, *op. cit,* 39, prefiere *constatativo* a *descriptivo.*

ciado trata) de una manera específica: el destinador queda situado y expuesto por este enunciado en la posición de «sabiente» (sabe lo que pasa en la universidad), el destinatario queda en posición de tener que dar o negar su asentimiento, y el referente también queda comprendido en una de las maneras propias de los donativos, como algo que exige ser correctamente identificado y expresado en el enunciado al que se refiere.

Si se considera una declaración como: *La universidad queda abierta,* pronunciada por un decano o un rector durante la apertura de curso anual, se ve que las especificaciones precedentes desaparecen. Es preciso, evidentemente, que la significación del enunciado se comprenda, pero ésa es una condición general de la comunicación que no permite distinguir los enunciados o sus efectos inmediatos. El segundo enunciado, llamado performativo[30], tiene la particularidad de que su efecto sobre el referente coincide con su enunciación: la universidad queda abierta puesto que se la declara tal en esas condiciones. No es, pues, tema de discusión ni de verificación para el destinatario, que se encuentra inmediatamente situado en el nuevo contexto así creado. En cuanto al destinador, debe estar dotado de la autoridad de pronunciarlo; pero se puede describir esta condición al revés: es decano o rector, es decir, alguien dotado de autoridad para pronunciar ese tipo de enunciados, de modo que, al pronunciarlos, obtiene el efecto inmediato que hemos dicho, tanto sobre su referente, la Universidad, como sobre su destinatario, el cuerpo de profesores.

Un caso diferente es el de los enunciados del tipo: *Hay que proporcionar medios a la universidad,* que son prescriptivos. Pueden ser modulados en órdenes, mandamientos, instrucciones, recomendaciones, peticiones, súplicas, ruegos, etc. Se ve que el destinador está aquí situado en posición de autoridad, en el amplio sentido del término (incluyendo la autoridad que detenta el pecador sobre un dios que se declara misericordioso), es decir, que espera del destinatario la efectividad de la acción refe-

---

[30] En teoría del lenguaje, *performativo* ha adquirido después de Austin un sentido preciso (*op. cit.,* 39 y *passim*). Se lo encontrará más adelante asociado a los términos *performance* (actuación) y *performatividad* (de un sistema, especialmente) en el sentido que se ha hecho corriente de eficiencia mesurable en relaciones *input/output.* Los dos sentidos no son extraños el uno al otro. El *performativo* de Austin realiza la actuación *(performance)* óptima.

rida. Estas dos últimas situaciones, a su vez, experimentan, en la pragmática prescriptiva, efectos concomitantes[31].

Diferente es la eficacia de una interrogación, de una promesa, de una descripción literaria, de una narración, etc. Resumimos. Cuando Wittgenstein, retomando desde cero el estudio del lenguaje, centra su atención en los efectos de los discursos, nombra los diferentes tipos de enunciados que localiza, y por tanto, enumera algunos de los juegos de lenguaje[32]. Significa con este último término que cada una de esas diversas categorías de enunciados debe poder ser determinada por reglas que especifiquen sus propiedades y el uso que de ellas se pueda hacer, exactamente como el juego de ajedrez se define por un grupo de reglas que determinan las propiedades de las piezas y el modo adecuado de moverlas.

Tres observaciones deben hacerse a propósito de los juegos de lenguaje. La primera es que sus reglas no tienen su legitimación en ellas mismas, sino que forman parte de un contrato explícito o no entre los jugadores (lo que no quiere decir que éstos las inventen). La segunda es que a falta de reglas no hay juego[33], que una modificación incluso mínima de una regla modifica la naturaleza del juego, y que una «jugada» o un enunciado que no satisfaga las reglas no pertenece al juego definido por éstas. La tercera observación acaba de ser sugerida: todo enunciado debe ser considerado como una «jugada» hecha en un juego.

Esta última observación lleva a admitir un primer principio que subtiende todo nuestro método: que hablar es combatir, en el sentido de jugar, y que los actos de lenguaje[34] se derivan de una agonística general[35]. Eso no significa necesariamente que se

---

[31] Un análisis reciente de esas categorías lo hace Habermas, «Unbereitende Bemerkungen...», y los discute J. Pulain, art. cit.

[32] *Investigations philosophiques, loc. cit.*, pág. 23.

[33] J. von Neumann & O. Morgenstern, *Theory of Games and Economic Behavior,* Princenton U. P., 1944; 3.ª ed., 1945, pág. 49: «El juego consiste en el conjunto de reglas que lo describen.» Fórmula extraña al espíritu de Wittgenstein, para el cual el concepto de juego no podría ser abarcado por una definición, puesto que ésta es ya un juego de lenguaje (*op. cit.*, págs. 64-84 en especial).

[34] El término es de J. H. Searle: «Los actos de habla son las unidades mínimas de base de la comunicación lingüística» (*op. cit.*, pág. 52). Nosotros las situamos bajo la égida del *agon* (la lucha) más que de la comunicación.

[35] La agonística está en el principio de la ontología de Heráclito y de la dialéctica de los sofistas, sin hablar de los primeros trágicos. Aristóteles le dedica una

juegue para ganar. Se puede hacer una jugada por el placer de inventarla: ¿qué otra cosa existe en el trabajo de hostigamiento de la lengua que llevan a cabo el habla popular o la literatura? La invención continua de giros, de palabras y de sentidos que, en el plano del habla, es lo que hace evolucionar la lengua, procura grandes alegrías. Pero, sin duda, hasta ese placer no es independiente de un sentimiento de triunfo, conseguido al menos sobre un adversario, pero de talla, la lengua establecida, la connotación[36].

Esta idea de una agonística del lenguaje no debe ocultar el segundo principio que es complemento suyo y que rige nuestro análisis: que el lazo social está hecho de «jugadas» de lenguaje. Elucidando esta proposición, entramos de lleno en el tema.

gran parte de su reflexión sobre la dialéctica en *Tópicos y refutaciones filosóficas.* Ver F. Nietzsche, «El combate en Homero», en «Cinq préfaces à cinq livres qui n'ont pas été écrits» (1872), *Ecrits posthumes,* 1870-1873, trad. francesa en Gallimard, París, 1975, págs. 192-200.

[36] En el sentido establecido por L. Hjelmslev, *Prolegomena to a Theory of Language,* trad. inglesa en Wisconsin University Press, Whitfield, Madison, 1963; trad. esp., *Prolegómenos a una teoría del lenguaje,* Madrid, Gredos; y retomado por R. Barthes, *Eléments de sémiologie* (1964), París, Seuil, 1966, IV. 1 (la traducción española es de la editorial Siglo XXI, México).

4
La naturaleza del lazo social:
La alternativa moderna

Si se quiere tratar del saber en la sociedad contemporánea más desarrollada, una cuestión previa es decidir la representación metódica que se hace de esta última. Simplificando al extremo, se puede decir que durante los últimos cincuenta años por lo menos, esta representación se ha dividido en principio entre dos modelos: la sociedad forma un todo funcional, la sociedad está dividida en dos. Se puede ilustrar el primer modelo con el nombre de Talcott Parsons (al menos, el de la postguerra) y de su escuela; el otro con la corriente marxista (todas las escuelas que la componen, por diferentes que sean entre sí, admiten el principio de la lucha de clases, y de la dialéctica como dualidad que produce la unidad social)[37].

Este corte metodológico que determina dos grandes tipos de discursos sobre la sociedad proviene del siglo XIX. La idea de

---

[37] Ver en particular Talcott Parsons, *The Social System,* Glencoe, Free Press, 1967; (trad. esp., *El sistema social,* Madrid, Revista Occidente, 1976); id., *Sociological Theory and Modern Society,* Nueva York, Free Press, 1967. La bibliografía de la teoría marxista de la sociedad contemporánea ocuparía más de cincuenta páginas. Se pueden consultar los últiles *dossiers* y la bibliografía crítica realizada por P. Souyri, *Le marxisme après Marx,* París, Flammarion, 1970. Una visión interesante del conflicto entre esas dos grandes corrientes de la teoría social y de su mezcla la da A. W. Gouldner, *The Coming Crisis of Western Society,* Londres, Heinemann, 1970; 2.ª ed., 1972 (trad. esp., *La crisis de la sociedad occidental,*

que la sociedad forma un todo orgánico, a falta del cual deja de ser sociedad (y la sociología ya no tiene objeto), dominaba el espíritu de los fundadores de la escuela francesa; se precisa con el funcionalismo; toma otra dirección cuando Parsons en los años 50 asimila la sociedad a un sistema auto-regulado. El modelo teórico e incluso material ya no es el organismo vivo, lo proporciona la cibernética que multiplica sus aplicaciones durante y al final de la segunda guerra mundial.

En Parsons, el principio del sistema todavía es, digámoslo así, optimista: corresponde a la estabilización de las economías de crecimiento y de las sociedades de la abundancia bajo la égida de un *welfare state* moderado[38]. En los teóricos alemanes de hoy, la *Systemtheorie* es tecnocrática, es decir, cínica, por no decir desesperada: la armonía de las necesidades y las esperanzas de individuos o grupos con las funciones que asegura el sistema sólo es un componente adjunto de su funcionamiento; la verdadera fiabilidad del sistema, eso para lo que él mismo se programa como una máquina inteligente, es la optimización de la relación global de sus *input* con sus *output,* es decir, su performatividad. Incluso cuando cambian sus reglas y se producen innovaciones, incluso cuando sus disfunciones, como las huelgas o las crisis o el paro o las revoluciones políticas pueden hacer creer en una alternativa y levantar esperanzas, no se trata más que de reajustes internos y su resultado sólo puede ser la mejora de la «vida» del sistema, la única alternativa a ese perfeccionamiento de las actuaciones es la entropía, es decir, la decadencia[39].

Buenos Aires, Amorrortu, 1973). Ese conflicto ocupa un lugar importante en el pensamiento de Habermas, a la vez heredero de la Escuela de Frankfurt y en polémica con la teoría alemana del sistema social, especialmente la de Luhman.

[38] Este optimismo aparece claramente en las conclusiones de R. Lynd, *Knowledge for What?,* Princeton U. P., 1939, pág. 239, que son citadas por M. Horkheimer, *Eclipse of Reason,* Oxford U. P., 1947: en la sociedad moderna, la ciencia debe reemplazar a la religión «desharrapada» para definir los objetivos de la vida.

[39] H. Schelsky, *Der Mensch in der Wissenschaftlichen Zeitalter,* Colonia, 1961, págs. 24 y ss.: «La soberanía del Estado no se manifiesta sólo por el hecho de que monopolice el uso de la violencia (Max Weber) o decida el estado de excepción (Carl Schmitt), sino ante todo por el hecho de que decide el grado de eficacia de todos los medios técnicos que existen en su seno, y de que se reserva aquéllos cuya eficacia es más elevada y puede prácticamente situarse a sí mismo fuera del campo de aplicación de esos medios técnicos que impone a los otros.»

Aquí, sin caer en el simplismo de una sociología de la teoría social, resulta difícil no establecer al menos un paralelismo entre esta versión tecnocrática «dura» de la sociedad y el esfuerzo ascético que se exige; aparecería bajo el nombre de «liberalismo avanzado» en las sociedades industriales más desarrolladas en su esfuerzo para hacerse competitivas (y, por tanto, optimizar su «racionalidad») en el contexto del relanzamiento de la guerra económica mundial a partir de los años 60.

Más allá del inmenso cambio que lleva del pensamiento de un Comte al de un Luhman, se adivina una misma idea de lo social: que la sociedad es una totalidad unida, una «unicidad». Lo que Parsons formula claramente: «La condición más decisiva para que un análisis dinámico sea válido, es que *cada* problema se refiera continua y sistemáticamente al estado del sistema considerado como un todo (...). Un proceso o un conjunto de condiciones o bien "contribuye" al mantenimiento (o al desarrollo) del *sistema,* o bien es "disfuncional" en lo que se refiere a la integridad y eficacia del sistema»[40]. Esta idea es también la de los «tecnócratas»[41]. De ahí su credibilidad: al contar con los medios

---

Se dirá que es una teoría del Estado, no del sistema. Pero Schelsky añade: «El Estado también está sometido, a causa de la sociedad industrial: a saber, que los medios son los que determinan los fines, o mejor que las posibilidades técnicas imponen la utilización que se hace de ellas.» Habermas opone a esta ley que los conjuntos de medios técnicos y los sistemas de acción racional no se desarrollan nunca de manera autónoma: «Consequences pratiques du progrés scientifique et tecnique» (1968), en *Theorie und praxis,* Neuwied, Luchterhand, 1963, según la trad. francesa de Payot, París, págs. 115-136. Ver también J. Ellul, *La technique et l'enjeu du siècle,* París, Armand Colin, 1954 (trad. esp., *El Siglo XX y la técnica,* Barcelona, Labor, 1960); íd., *Le système technicien,* París, Calmann-Lèvy. Que las huelgas y en general la fuerte presión ejercida por potentes organizaciones de trabajadores producen una tensión finalmente beneficiosa para la performatividad del sistema, es lo que Ch. Levinson, dirigente sindical, declara claramente; explica gracias a esta tensión el avance técnico y de gestión de la industria norteamericana (citado por H. F. Virieu, *Le Matin,* diciembre de 1978, núm. especial: «Que veut Giscard?»).

[40] T. Parsons, *Essays in Sociological Theory Pure and Applied,* Glencoe, Free P., 1957 (reedición), pág 46-47.

[41] La palabra se toma aquí según la acepción que J. K. Galbraith ha dado al término *tecno-estructura* en *Le nouvel Etat industriel. Essai sur le système économique américain,* París, Gallimard, 1968 (hay trad. española en Ariel, Barcelona, 1980: *El nuevo Estado industrial);* o R. Aron al de *estructura técnico-burocrática,* en *Dix-huit leçons sur la société industrielle,* París, Gallimard, 1962 (hay trad. esp. en Seix-Barral, Barcelona, 1965: *Dieciocho lecciones sobre la sociedad industrial);* más que en el sentido evocado por el término *burocracia.* Este último es mucho más «duro» porque es socio-político, además de económico, y procede inicialmente de una crítica hecha por la oposición obrera (Kollantai) al poder

para hacerse realidad, esa credibilidad cuenta con los de administrar sus pruebas. Lo que Horkheimer llamaba la «paranoia» de la razón[42].

Con todo, no se pueden considerar paranoicos el realismo de la auto-regulación sistemática y el círculo perfectamente cerrado de los hechos y las interpretaciones, más que a condición de disponer o de pretender disponer de un observatorio que por principio escape a su atracción. Tal es la función del principio de la lucha de clases en la teoría de la sociedad a partir de Marx.

Si la teoría «tradicional» siempre está bajo la amenaza de ser incorporada a la programación del todo social como un simple útil de optimización de las actuaciones de ese último, es porque su deseo de una verdad unitaria y totalizadora se presta a la práctica unitaria y totalizante de los gerentes del sistema. La teoría «crítica»[43], dado que se apoya en un dualismo de principio y desconfía de síntesis y reconciliaciones, debe de estar en disposición de escapar a ese destino.

Pero es un modelo diferente de la sociedad (y otra idea de la función del saber que se puede producir en ella y que se puede adquirir) el que guía al marxismo. Ese modelo nace con las luchas que acompañan al asedio de las sociedades civiles tradicionales por el capitalismo. Aquí no se podrían seguir sus peripecias, que ocupan la historia social, política e ideológica de más de un siglo. Nos contentaremos con referirnos al balance que se puede hacer hoy, pues el destino que le ha correspondido es conocido: en los países de gestión liberal o liberal avanzada, la transformación de esas luchas y sus órganos en reguladores del sistema; en los países comunistas, el retorno, bajo el nombre de marxismo, del modelo totalizador y de sus efectos totalitarios, con lo que las luchas en cuestión quedan sencillamente privadas del derecho a la existencia[44]. Y en todas partes, con diferentes

---

bolchevique, y después por la oposición troskista al stalinismo. Ver al respecto Cl. Lefort, *Eléments d'une critique de la burocratie,* Ginebra, Droz, 1971, donde la crítica alcanza a la sociedad burocrática en su conjunto.

[42] *Eclipse of Reason, loc, cit.,* pág. 183.

[43] M. Horkheimer, «Tradicionelle und kritische Theorie» (1937). Ver también la bibliografía razonada de la Escuela de Frankfurt (francesa, hasta 1978) en la revista *Esprit,* 5 (mayo, 1978), por Hoehn & Raulet.

[44] Ver Cl. Lefort, *op. cit.; íd., Un homme de trop,* París, Seuil, 1976; C. Castoriadis, *La societé bureaucratique,* 10/18, 1973 (hay versión española en Tusquets, Barcelona, 1976).

nombres, la Crítica de la economía política (era el subtítulo del *Capital* de Marx) y la crítica de la sociedad alienada que era su correlato se utilizan como elementos de la programación del sistema[45].

Sin duda el modelo crítico se ha mantenido y se ha refinado de cara a ese proceso, en minorías como la Escuela de Frankfurt o como el grupo *Socialisme ou Babarie*[46]. Pero no se puede ocultar que la base social del principio de la división, la lucha de clases, se difuminó hasta el punto de perder toda radicalidad, encontrándose finalmente expuesto al peligro de perder su estabilidad teórica y reducirse a una «utopía», a una «esperanza»[47], a una protesta en favor del honor alzado en nombre del hombre, o de la razón, o de la creatividad, o incluso de la categoría social afectada *in extremis* por las funciones ya bastante improbables de sujeto crítico, como el tercer mundo o la juventud estudiantil[48].

Esta esquemática (o esquelética) llamada de atención no tenía otra función que precisar la problemática en la que intentamos situar la cuestión del saber en las sociedades industriales avanzadas. Pues no se puede saber lo que es el saber, es decir, qué problemas encaran hoy su desarrollo y su difusión, si no se sabe nada de la sociedad donde aparece. Y, hoy más que nunca, saber algo de esta última, es en principio elegir la manera de interrogar, que es también la manera de la que ella puede proporcionar respuestas. No se puede decidir que el papel fundamental del saber es ser un elemento indispensable del funcionamiento de la sociedad y obrar en consecuencia adecuadamente, más que si se ha decidido que se trata de una máquina enorme[49].

---

[45] Ver, por ejemplo, J. P. Garnier, *Le marxisme lénifiant,* París, Le Sycomore, 1979.

[46] Es el título que llevaba el «órgano de crítica y de orientación revolucionaria» publicado de 1949 a 1965 por un grupo cuyos principales redactores (bajo diversos pseudónimos) fueron: C. de Lefort, J. F. Lyotard, A. Maso, D. Mothé, B. Sarrel, P. Simon, P. Souyri.

[47] E. Bloch, *Das prinzip Hoffnug (1954-1959),* Frankfurt, 1967. Hay traducción española: *El principio esperanza,* Madrid, Aguilar, 1975.

[48] Es una alusión a los embarullamientos teóricos que sirvieron de eco a las guerras de Argelia y del Vietnam, y al movimiento estudiantil de los años 60. Un panorama histórico lo dan S. Schnapp y P. Vidal-Noquet, *Journal de la Commune étudiante,* París, Seuil, 1969. Presentación.

[49] Lewis Mumford, *The Myth of the Machine. Technics and Human Development,* Londres, Secker & Warburg, 1967.

A la inversa, no se puede contar con su función crítica y proponerse orientar su desarrollo y difusión en ese sentido más que si se ha decidido que no forma un todo integrado y que sigue sujeta a un principio de contestación[50]. La alternativa parece clara, homogeneidad o dualidad intrínsecas de lo social, funcionalismo o criticismo del saber, pero la decisión parece difícil de tomar, o arbitraria.

Uno está tentado a escapar a esa alternativa distinguiendo dos tipos de saber, uno positivista que encuentra fácilmente su explicación en las técnicas relativas a los hombres y a los materiales y que se dispone a convertirse en una fuerza productiva indispensable al sistema, otro crítico o reflexivo o hermenéutico que, al interrogarse directamente o indirectamente sobre los valores o los objetivos, obstaculiza toda «recuperación»[51].

---

[50] La duda entre esas dos hipótesis impregna una llamada que, sin embargo, está destinada a conseguir la participación de los intelectuales en el sistema: Ph. Nemo, «La nouvelle responsabilité des clercs», *Le Monde,* 8 de septiembre de 1978.

[51] La oposición teórica entre *Naturwissenschaft* y *Geitwissenschaft* encuentra su origen en W. Dilthey (1863-1911).

5
La naturaleza del lazo social:
La perspectiva postmoderna

Nosotros no seguimos esta solución dual. Planteamos que la alternativa que trata de resolver, pero que no hace sino reproducir, ha dejado de ser pertinente en lo que se refiere a las sociedades que nos interesan, y todavía pertenece a un pensamiento por oposiciones que no corresponde a los modos más vivos del saber postmoderno. El «redespliegue» económico en la fase actual del capitalismo, ayudado por la mutación de técnicas y tecnologías, marcha a la par, ya se ha dicho, con un cambio de función de los Estados: a partir de ese síndrome se forma una imagen de la sociedad que obliga a revisar seriamente los intentos presentados como alternativa. Digamos, para ser breves, que las funciones de regulación y, por tanto, de reproducción, se les quitan y se les quitarán más y más a los administradores y serán confiadas a autómatas. La cuestión principal se convierte y se convertirá más aún en poder disponer de las informaciones que estos últimos deberán tener memorizadas con objeto de que se tomen las decisiones adecuadas. La disposición de las informaciones es y será más competencia de expertos de todos los tipos. La clase dirigente es y será cada vez más la de los «decididores». Deja de estar constituida por la clase política tradicional, para pasar a ser una base formada por jefes de empresa, altos funcionarios, dirigentes de los grandes organismos profesionales, sindicales, políticos, confesionales[52].

La novedad es que en ese contexto los antiguos polos de atracción constituidos por los Estados-naciones, los partidos, las profesiones, las instituciones y las tradiciones históricas pierden su atracción. Y no parece que deban ser reemplazados, al menos a la escala que les es propia. La Comisión Tricontinental no es un polo de atracción popular. Las «identificaciones» con los grandes nombres, los héroes de la historia actual, se hacen más difíciles[53]. No provoca entusiasmo dedicarse a la «recuperación de Alemania», como el presidente francés parece ofrecer como objetivo vital a sus compatriotas. Además, no se trata de un auténtico objetivo vital. Éste queda confiado a la diligencia de cada uno. Cada uno se ve remitido a sí mismo. Y cada uno sabe que ese *sí mismo* es poco[54].

De esta descomposición de los grandes Relatos, que analizamos más adelante, se sigue eso que algunos analizan como la disolución del lazo social y el paso de las colectividades sociales al estado de una masa compuesta de átomos individuales lanzados a un absurdo movimiento browniano[55]. Lo que no es

---

[52] M. Albert, comisario del Plan francés, escribe: «El Plan es una oficina de estudios del gobierno (...). También es un punto de encuentro de la nación, un punto de encuentro donde se maceran las ideas, o donde se comparan los puntos de vista y donde se originan los cambios (...) Es preciso que no estemos solos. Es preciso que otros nos ilustren (...)» (*L'Expansion*, diciembre de 1978). Ver sobre el problema de la decisión, G. Gafgen, *Theorie der wissenschaflichen Entscheidung*, Tubinga, 1963; L. Sfez, *Critique de la décision* (1973), Presses de la Foundation des sciences politiques, 1976.

[53] Lo que sigue del declive de nombres tales como Stalin, Mao Castro, como epónimos de la revolución desde hace veinte años. Piénsese en la erosión de la imagen del presidente de los Estados Unidos después del asunto Watergate.

[54] Es un tema central de R. Musil, *Der Mann ohne Eigenschaften (1930-1933)*, Hamburgo, Rowhlt; traducción española en Seix-Barral, Barcelona, titulada *El hombre sin atributos* (vol. I, 1969; vol. II, 1970; y vol. III, 1973). En un comentario libre, J. Bouvresse subraya la afinidad de ese tema de la «derelición» del Sí mismo con la «crisis» de las ciencias a comienzos del siglo XX y con la epistemología de E. Mach; cita los testimonios siguientes: «Teniendo en cuenta el estado de la ciencia, un hombre no está hecho más que de lo que se le dice que es o de lo que se hace con lo que es (...) Es un mundo en el cual los acontecimientos vividos se han vuelto independientes del hombre (...) Es un mundo del porvenir, el mundo de lo que sucede sin que eso suceda a nadie, y sin que nadie sea responsable» («La problématique du sujet dans *L'homme sans qualités*», Noroît [Arras], págs. 234-235 [diciembre de 1978-enero de 1979]; el texto publicado no ha sido revisado por el autor).

[55] Baudrillard, *A l'ombre des majorités silencieuses o la fin du social*, Fontenay-sous-Bois, Utopie, 1978; trad. esp., en Kairós, Barcelona, 1978.

más que una visión que nos parece obnubilada por la representación paradisíaca de una sociedad «orgánica» perdida.

El *sí mismo* es poco, pero no está aislado, está atrapado en un cañamazo de relaciones más complejas y más móviles que nunca. Joven o viejo, hombre o mujer, rico o pobre, siempre está situado sobre «nudos» de circuitos de comunicación, por ínfimos que éstos sean[56]. Es preferible decir: situado en puntos por los que pasan mensajes de naturaleza diversa. Nunca está, ni siquiera el más desfavorecido, desprovisto de poder sobre esos mensajes que le atraviesan al situarlo, sea en la posición de destinador, o de destinatario, o de referente. Pues su desplazamiento con respecto a esos efectos de los juegos de lenguaje (se ha comprendido que es de ellos de lo que se trata) es tolerable dentro de ciertos límites (incluso cuando éstos son borrosos) y hasta es suscitado por las reglas y sobre todo por los reajustes con los que el sistema se provee con el fin de mejorar sus actuaciones. Incluso se puede decir que el sistema puede y debe estimular esos desplazamientos en tanto que lucha contra su propia entropía, y que una novedad correspondiente a una «jugada» inesperada y al correlativo desplazamiento de tal compañero de juego o de tal grupo de compañeros a los que implique, puede proporcionar al sistema ese suplemento de performatividad que no deja de exigir y de consumir[57].

Se comprende ahora desde qué perspectiva se ha propuesto más arriba como método general de acercamiento el de los juegos de lenguaje. No pretendemos que *toda* relación social sea de este orden, eso quedará aquí como cuestión pendiente; sino que los juegos de lenguaje son, por una parte, el mínimo de relación exigido para que haya sociedad, y no es preciso recurrir a una robinsonada para hacer que esto se admita: desde antes

---

[56] Es el vocabulario de la teoría de sistemas; por ejemplo, Ph. Nemo, *loc. cit.*, «Representémonos la sociedad como un sistema, en el sentido de la cibernética. Ese sistema es una red de comunicaciones con cruces donde la comunicación converge y desde donde es redistribuida (...).»

[57] Un ejemplo dado por J. P. Garnier, *op. cit.*, pág. 93: «El Centro de información sobre la innovación social, dirigido por H. Dougier y F. Bloch-Laîné, tiene por función clasificar, analizar y difundir informaciones acerca de las nuevas experiencias de vida cotidiana (educación, salud, justicia, actividades culturales, urbanismo y arquitectura, etc.). Este banco de datos sobre las 'prácticas alternativas' presta sus servicios a los órganos estatales encargados de hacer que la 'sociedad civil' se convierta en una sociedad civilizada: Comisariado del Plan, Secretariado de acción social, D.A.T.A.R.»

de su nacimiento, el ser humano está ya situado con referencia a la historia que cuenta su ambiente[58] y con respecto a la cual tendrá posteriormente que conducirse. O más sencillamente aún: la cuestión del lazo social, en tanto que cuestión, es un juego del lenguaje, el de la interrogación, que sitúa inmediatamente a aquél que la plantea, a aquél a quien se dirige, y al referente que interroga: esta cuestión ya es, pues, el lazo social.

Por otra parte, en una sociedad donde el componente comunicacional se hace cada día más evidente a la vez como realidad y como problema[59], es seguro que el aspecto lingüístico adquiere nueva importancia, y sería superficial reducirlo a la alternativa tradicional de la palabra manipuladora o de la transmisión unilateral de mensajes por un lado, o bien de la libre expresión o del diálogo por el otro.

Unas palabras sobre este último asunto. Traduciendo ese problema a simples términos de la teoría de la comunicación, se olvidarían dos cosas: los mensajes están dotados de formas y de efectos muy diferentes, según sean, por ejemplo, denotativos, prescriptivos, valorativos, performativos, etc. Es seguro que no sólo funcionan en tanto que comunican información. Reducirlos a esa función, es adoptar una perspectiva que privilegia indebidamente el punto de vista del sistema y su sólo interés. Pues es la máquina cibernética la que funciona con información, pero por ejemplo los objetivos que se le han propuesto al programarla proceden de enunciados prescriptivos y valorativos que la máquina no corregirá en el curso de su funcionamiento, por ejemplo, la maximalización de sus actuaciones. Pero, ¿cómo garantizar que la maximalización de sus actuaciones constituya siempre el mejor objetivo para el sistema social? Los «átomos» que forman la materia son en cualquier caso competentes con respecto a esos enunciados, y especialmente en esta cuestión.

Y por otra parte, la teoría de la información en su versión cibernética trivial deja de lado un aspecto decisivo ya subraya-

[58] S. Freud ha acentuado de modo especial esta forma de «predestinación». Ver Marthe Robert, *Roman des origines, origine du roman*, París, Grasset, 1972. Hay trad. esp., *Novela de los orígenes, y orígenes de la novela*, Madrid, Taurus, 1973.

[59] Ver la obra de M. Serrès, especialmente los *Hermès*, I al IV, París, Minuit, 1969-1977.

do, el aspecto agonístico. Los átomos están situados en cruces de relaciones pragmáticas, pero también son desplazados por los mensajes que los atraviesan, en un movimiento perpetuo. Cada «compañero» de lenguaje sufre entonces «jugadas» que le atribuyen un «desplazamiento», una alteración, sean del tipo que sean, y eso no solamente en calidad de destinatario y de referente, también como destinador. Esas «jugadas» no pueden dejar de suscitar «contra-jugadas»; pues todo el mundo sabe por experiencia que estas últimas no son «buenas» si sólo son reactivas. Porque entonces no son más que efectos programados en la estrategia del adversario, perfeccionan a éste y, por tanto, van a rastras de una modificación de la relación de las fuerzas respectivas. De ahí la importancia que tiene el intensificar el desplazamiento, e incluso el desorientarlo, de modo que se pueda hacer una «jugada» (un nuevo enunciado) que sea inesperada.

Lo que se precisa para comprender de esta manera las relaciones sociales, a cualquier escala que se las tome, no es únicamente una teoría de la comunicación, sino una teoría de los juegos, que incluya a la agonística en sus presupuestos. Y ya se adivina que, en ese contexto, la novedad requerida no es la simple «innovación». Se encontrará en bastantes sociólogos de la generación contemporánea con qué sostener este acercamiento[60], sin hablar de los lingüistas a los filósofos del lenguaje.

Esta «atomización» de lo social en redes flexibles de juegos de lenguaje puede parecer bien alejada de la realidad moderna que aparece antes que nada bloqueada por la artrosis burocrática[61]. Incluso se puede invocar el peso de las instituciones que imponen límites a los juegos, y por tanto reducen la inventiva de los compañeros en cuestión de jugadas. Lo que no nos parece que ofrezca ninguna dificultad especial.

En el uso ordinario del discurso, en una discusión entre dos amigos por ejemplo, los interlocutores recurren a lo que sea,

---

[60] Por ejemplo, E. Goffman, *The Presentation of Self in Everyday Life,* Edimburgo, U. of Edinburgh P., 1956 (trad. esp., *La presentación de la persona en la vida cotidiana,* Amorrortu, 1971); A. W. Gouldner, *op. cit.,* cap. 10; A. Touraine, *La voix et le regard,* París, Seuil, 1978; íd., et al., *Lutte étudiante,* París, Seuil, 1978; M. Callon, «Sociologie des techniques?», *Pandore,* 2 (febrero de 1979), páginas 28-32; P. Watzlawick, *et. al., op. cit.*

[61] Ver más arriba la nota 41. El tema de la burocratización general como porvenir de las sociedades modernas fue desarrollado muy pronto por B. Rizzi, *La bureaucratisation du monde,* París, 1939.

cambian de juego de un enunciado a otro: la interrogación, el ruego, la afirmación, la narración se lanzan en desorden durante la batalla. Ésta no carece de reglas[62], pero sus reglas autorizan y alientan la mayor flexibilidad de los enunciados.

Pues, desde ese punto de vista, una institución siempre difiere de una discusión en que requiere limitaciones suplementarias para que los enunciados sean declarados admisibles en su seno. Esas limitaciones operan como filtros sobre la autoridad del discurso, interrumpen conexiones posibles en las redes de comunicación: hay cosas que no se pueden decir. Y privilegian, además, determinadas clases de enunciados, a veces uno solo, de ahí que el predominio caracterice el discurso de la institución: hay cosas que se pueden decir y maneras de decirlas. Así, los enunciados de mando en los ejércitos, de oración en las iglesias, de denotación en las escuelas, de narración en las familias, de interrogación en las filosofías, de performatividad en las empresas... La burocratización es el límite extremo de esta tendencia.

Sin embargo, esta hipótesis acerca de la institución todavía es demasiado «pesada»: parte de una visión «cosista» de lo instituido. Hoy, sabemos que el límite que la institución opone al potencial del lenguaje en «jugadas» nunca está establecido (incluso cuando formalmente lo está)[63]. Es más bien ella misma el resultado provisional y el objeto de estrategias de lenguaje que tienen lugar dentro y fuera de la institución. Ejemplos: ¿el juego de experimentación con la lengua (la poética) tiene un puesto en la universidad? ¿Se pueden contar relatos en un consejo de ministros? ¿Hacer reivindicaciones en un cuartel? Las respuestas son claras: sí si la universidad abre sus talleres de creación; sí si el consejo trabaja con esquemas prospectivos; sí si los superiores aceptan discutir con los soldados. Dicho de otro modo: sí si los límites de la antigua institución se desplazan[64]. Recíprocamente, se dirá

---

[62] Ver H. P. Grise, «Logic and Conversation», en P. Cole & J. J. Morgan Eds., *Speech Acts III, Syntax and Semantics,* Nueva York, Academic Press, 1975, págs. 59-82.

[63] Para un acercamiento fenomenológico al problema, ver en M. Merleau-Ponty (Cl. Lefort ed.), *Résumés de cours,* París, Gallimard, 1968, el curso 1954-1955. Para un acercamiento psicosociológico, R. Loureau, *L'analyse institutionelle,* París, Minuit, 1970.

[64] M. Callon, *loc. cit.,* pág. 30: «La sociología es el movimiento mediante el cual los actores constituyen e instituyen diferencias, fronteras entre lo que es social y lo que no lo es, lo que es técnico y no lo es, lo que es imaginario y lo que es

que las instituciones no se estabilizan mientras no dejan de ser un envite.

Con este espíritu es como conviene, creemos, abordar las instituciones contemporáneas del saber.

real: el trazado de esas fronteras es un envite y ningún consenso, salvo en caso de dominación total, es realizable.» Comparar con lo que A. Touraine llama «sociología permanente», *La voix et le regard, loc. cit.*

6
Pragmática del saber narrativo

A la aceptación sin examen de una concepción instrumental del saber en las sociedades más desarrolladas, hemos hecho anteriormente (sección 1) dos objeciones. El saber no es la ciencia, sobre todo en su forma contemporánea; y esta última, lejos de poder ocultar el problema de su legitimidad, no puede dejar de plantearlo en toda su amplitud, que no es menos socio-política que epistemológica. Precisemos en primer lugar la naturaleza del saber «narrativo»; este examen permitirá por comparación distinguir mejor al menos ciertas características de la forma que reviste el saber científico en la sociedad contemporánea; también ayudará a comprender cómo se plantea hoy, y cómo no se plantea, la cuestión de la legitimidad.

El saber en general no se reduce a la ciencia, ni siquiera al conocimiento. El conocimiento sería el conjunto de los enunciados que denotan o describen objetos[65], con exclusión de todos

---

[65] Aristóteles circusncribe el objeto del saber al definir lo que él llama los apofánticos: «Todo discurso significa algo *(semantikos)*, pero todo discurso no es denotativo *(apophantikos)*: sólo lo es aquél al que corresponde decir verdadero o falso. Ahora bien, eso no se produce en todos los casos: la plegaria, por ejemplo, es un discurso, pero no es ni verdadero ni falso» (*Pèri hermenèias,* 4, 17 a); hay trad. esp., *Peri hermeneias. De interpretatione,* U. de Valencia, 1978. Cuadernos Teorema.

los demás enunciados, y susceptibles de ser declarados verdaderos o falsos. La ciencia sería un subconjunto de conocimientos. También ella hecha de enunciados denotativos, impondría dos condiciones suplementarias para su aceptabilidad: que los objetos a los que se refieren sean accesibles de modo recurrente y, por tanto, en las condiciones de observación explícitas; que se pueda decidir si cada uno de esos enunciados pertenece o no pertenece al lenguaje considerado como pertinente por los expertos[66].

Pero con el término saber no se comprende solamente, ni mucho menos, un conjunto de enunciados denotativos, se mezclan en él las ideas de saber-hacer, de saber-vivir, de saber-oír, etc. Se trata entonces de unas competencias que exceden la determinación y la aplicación del único criterio de verdad, y que comprenden a los criterios de eficiencia (cualificación técnica), de justicia y/o de dicha (sabiduría ética), de belleza sonora, cromática (sensibilidad auditiva, visual), etc. Tomado así, el saber es lo que hace a cada uno capaz de emitir «buenos» enunciados denotativos, y también «buenos» enunciados prescriptivos, «buenos» enunciados valorativos... No consiste en una competencia que se refiera a tal tipo de enunciados, por ejemplo cognitivos, con exclusión de los otros. Permite al contrario «buenas» actuaciones con respecto a varios objetos del discurso: conocer, decidir, valorar, transformar... De ahí resulta uno de sus rasgos principales: coincide con una «formación» amplia de las competencias, es la forma única encarnada en un asunto compuesto por los diversos tipos de competencia que lo contribuyen.

Otra característica a subrayar es la afinidad de tal saber con la costumbre. ¿Qué es, en efecto, un «buen» enunciado prescriptivo o valorativo, qué una «buena» actuación en materia denotativa o técnica? Unos y las otras se conceptúan «buenos» porque son conformes a los criterios pertinentes (respectivamente, de justicia, de belleza, de verdad y de eficiencia) admitidos en el medio constituido por los interlocutores del «sabiente». Los primeros filósofos[67] han llamado opinión a ese modo de legitima-

---

[66] Ver K. Popper, *Logik der Forschung,* Viena, Springer, 1935 (hay trad. esp., *La lógica de la investigación científica,* Madrid, Tecnos, 1962); íd., «Normal Science and its Dangers», en I. Latakos & A. Musgrave Eds., *Criticism and the Growth,* Cambridge (G.B.), U.P., 1970.

[67] Ver Jean Beaufret, *Le Poème de Parménide,* París, P.U.F., 1955.

ción de enunciados. El consenso que permite circusncribir tal saber y diferenciar al que sabe del que no sabe (el extraño, el niño) es lo que constituye la cultura de un pueblo[68].

Ese breve toque de atención de lo que el saber puede ser como formación y como cultura lo autorizan descripciones etnológicas[69]. Pero una antropología y una literatura vueltas hacia sociedades en rápido desarrollo detectan en él su persistencia al menos en ciertos sectores[70]. La misma idea de desarrollo presupone el horizonte de un no-desarrollo, donde las diversas competencias se suponen envueltas en la unidad de una tradición y no se disocian en cualificaciones que son objeto de innovaciones, de debates y de exámenes específicos. Esta oposición no implica necesariamente la de un cambio de naturaleza en el estado del saber entre «primitivos» y «civilizados»[71], es compatible con la tesis de la identidad formal entre «pensamiento salvaje» y pensamiento científico[72], e incluso con la, aparentemente contraria a la precedente, de una superioridad del saber consuetudinario sobre la dispersión contemporánea de las competencias[73].

Se puede decir que todos los observadores, sea cual sea el argumento que proponen para dramatizar y comprender la separación entre este estado consuetudinario del saber y el que le es propio en la edad de las ciencias, se armonizan en un hecho, la preminencia de la forma narrativa en la formulación del saber tradicional. Unos se ocupan de esta forma en sí misma[74], otros

---

[68] Todavía en el sentido de *Bildung* (inglés: *cultura)* tal y como ha sido fijado por el culturalismo. El término es prerromántico y romántico; cfr. el *Volkgeist,* de Hegel.

[69] Ver la escuela culturalista americana: C. DuBois, A. Kardiner, R. Linton, M. Mead.

[70] Ver la institución de los folklores europeos a partir de fines del siglo XVIII en relación con el romanticismo: estudios de los hermanos Grimm, de Vuk Karadic (cuentos populares servios), etc.

[71] Esa era sumariamente la tesis de L. Lévy-Bruhl, *La mentalité primitive,* París, Alcan, 1922.

[72] Cl. Leví-Strauss, *La penseé sauvage,* París, Plon, 1962. Hay traducción española en México, F.C.E., 1965.

[73] R. Jaulin, *La paix blanche,* París, Seuil, 1970.

[74] V. Propp, «Morphology of the Folktale», *International Journal of Linguistics,* 24, pág. 4 (octubre de 1958); trad. francesa, *Morphologie du conte,* París, Seuil, 1970. Hay trad. esp., *Morfología del cuento,* Madrid, Fundamentos, 1971.

ven en ella la vestimenta diacrónica de operadores estructurales que según ellos constituyen propiamente el saber que está en juego[75], otros aún proporcionan una interpretación económica en el sentido freudiano[76]. Aquí no es preciso retener más que el hecho de la forma narrativa. El relato es la forma por excelencia de ese saber, y esto en varios sentidos.

En primer lugar, esos relatos populares cuentan lo que se pueden llamar formaciones *(Bildungen)* positivas o negativas, es decir, los éxitos o fracasos que coronan las tentativas del héroe, y esos éxitos o fracasos, o bien dan su legitimidad a instituciones de la sociedad (función de los mitos) o bien representan modelos positivos o negativos (héroes felices o desgraciados) de integración en las instituciones establecidas (leyendas, cuentos). Esos relatos permiten, en consecuencia, por una parte definir los criterios de competencia que son los de la sociedad donde se cuentan, y por otra valorar gracias a esos criterios las actuaciones que se realizan o pueden realizarse con ellos.

En segundo lugar, la forma narrativa, a diferencia de las formas desarrolladas del discurso del saber, admite una pluralidad de juegos de lenguaje: encuentran fácilmente sitio en el relato enunciados denotativos, referidos por ejemplo a lo que se conozca del cielo, las estaciones, la flora y la fauna; enunciados deónticos que prescriben lo que se debe hacer en cuanto a esos mismos referentes o en cuanto a los parientes, a la diferencia de sexos, a los niños, a los vecinos, a los extraños, etc.; enunciados interrogativos que están implicados, por ejemplo, en los episodios de reto (responder a una pregunta, elegir un elemento de un grupo); enunciados valorativos, etc. Las competencias de las que el relato proporciona o aplica los criterios se encuentran, pues, mezcladas unas con otras en un tejido apretado, el del relato, y ordenadas en una perspectiva de conjunto, que caracteriza este tipo de saber.

Se examinará un poco más extensamente una tercera propiedad, que es relativa a la transmisión de esos relatos. Su narración obedece muy a menudo a reglas que fijan la pragmática. Lo que

---

[75] Cl. Lévi-Strauss, «La structure des mythes» (1955), en *Anthropologie structurale,* París, Plon, 1958; (hay trad. española, Buenos Aires, Eudeba); íd. «La structure et la forme. Réflexions sur un ouvrage de Vladimir Propp», *Cahiers de l'institut de science économique appliquée,* 99, serie M, 7 (marzo de 1960).

[76] Geza Roheim, *Phychoanalysis and Anthropology,* Nueva York, 1950.

no quiere decir que debido a la institución, tal sociedad asigne el papel de narrador a tal categoría de edad, de sexo, de grupo familiar o profesional. Queremos hablar de una pragmática de los relatos populares que les es, por decirlo así, intrínseca. Por ejemplo, un narrador cashinahua[77] comienza siempre su narración con una fórmula fija: «He aquí la historia de..., tal y como siempre la he oído. Yo, a mi vez, os la voy a contar, escuchadla.» Y la finaliza con otra fórmula igualmente invariable: «Aquí se acaba la historia de... El que os la ha contado es... [nombre cashinahua], para los blancos... [nombre español o portugués]»[78].

Un análisis sumario de esta doble instrucción pragmática hace aparecer esto: el narrador no pretende adquirir su competencia al contar la historia porque haya sido su auditor. El «narratario» actual, al escucharla, accede potencialmente a la misma autoridad. El relato se declara repetido (incluso si la actuación narrativa es intensamente inventada), y repetido «desde siempre»: un héroe que es cashinahua, por tanto también ha sido «narratario» y quizá narrador del mismo relato. Establecida esta semejanza de condición, el narrador actual puede ser el propio héroe de un relato, como lo ha sido el antiguo. De hecho lo es, y necesariamente, puesto que lleva un nombre, rechazado al final de su narración, que le ha sido atribuido de acuerdo con el relato canónico que legitima la distribución cashinahua de los patronímicos.

La regla pragmática ilustrada por este ejemplo no es, evidentemente, universalizable[79]. Pero proporciona indicios de una propiedad atribuida de modo general al saber tradicional: los «puestos» narrativos (destinador, destinatario, héroe) se distribuyen de modo que el derecho a ocupar uno, el de destinador, se funda sobre el doble hecho de haber ocupado el otro, el de destinatario, y el de haber sido, por el nombre que se lleva, ya contado por un relato, es decir, situado en posición de referente diegético de otras ocurrencias narrativas[80]. El saber que vehicu-

[77] André M. d'Ans, *Le dit des vrais hommes,* París, 10/18, 1978.

[78] *Ibíd.,* 7.

[79] La hemos usado a causa de la «etiqueta» pragmática que rodea la transmisión de los relatos y de la que la antropología nos informa cuidadosamente. Ver P. Clastres, *Le grand parler. Mythes et chants sacrés des Indiens Guarani,* París, Seuil, 1974.

[80] Para una narratología que hace intervenir la dimensión pragmática, ver G. Genette, *Figures III,* París, Seuil 1972.

lan esas narraciones, lejos de vincularse sólo a las funciones de enunciación, también determina de golpe lo que hay que decir para ser escuchado, y lo que hay que escuchar para poder hablar, y lo que hay que jugar (en el escenario de la realidad diegética) para poder ser el objeto de un relato.

Los actos de habla[81] que son pertinentes a ese saber no los lleva a cabo únicamente el locutor, sino también el interpelado y, además, el tercero del que se ha hablado. El saber que se desprende de tal dispositivo puede parecer «compacto» por oposición al que llamamos «desarrollado». Deja percibir con claridad el modo en que la tradición de los relatos es al mismo tiempo la de los criterios que defiende una triple competencia, saber-decir, saber-escuchar, saber-hacer, donde se ponen en juego las relaciones de la comunidad consigo misma y con su entorno. Lo que se transmite con los relatos es el grupo de reglas pragmáticas que constituye el lazo social.

Un cuarto aspecto de ese saber narrativo merecería ser examinado con atención: su incidencia sobre el tiempo. La forma narrativa obedece a un ritmo, es la síntesis de un metro que hace latir el tiempo en periodos regulares y de un acento que modifica la longitud o la amplitud de algunos de ellos[82]. Esta propiedad vibratoria y musical aparece con evidencia en la realización ritual de ciertos cuentos cashinahua: transmitidos en condiciones iniciáticas, con una forma absolutamente fija, en un lenguaje que oscurece los desórdenes léxicos y sintácticos que se les infligen, son cantados en interminables melopeas[83]. Extraño saber, se dirá, ¡ni siquiera se deja comprender por los jóvenes a quienes se dirige!

Es, sin embargo, un saber muy común, el de los cuentos infantiles, ése que las músicas repetitivas de nuestro tiempo han intentado recuperar o al menos imitar aproximadamente. Presenta una propiedad sorprendente: a medida que el metro se impone al acento en las locuciones sonoras, habladas o no, el tiempo deja de ser el soporte de la memorización y se convierte en un batir inmemorial que, en ausencia de diferencias notables entre

---

[81] Cfr. nota 34.

[82] La relación metro/acento, que hace y deshace el ritmo, está en el centro de la reflexión hegeliana sobre la especulación. Ver *Phénoménologie de l'esprit,* IV. (Hay trad. esp. en México, F.C.E.)

[83] Estas informaciones se deben a la amabilidad de A. M. d'Ans; se le agradecen.

los periodos, prohibe enumerarlos y los despacha al olvido[84]. Interrogando la forma de los refranes, proverbios, máximas que son como pequeños trozos de relatos posibles o las matrices de antiguos relatos y que todavía continúan en circulación en determinados pisos del edificio social contemporáneo, se reconocerá en su prosodia la marca de esta extraña temporalización que alcanza de lleno la regla de oro de nuestro saber: no se olvide.

Pues debe haber una congruencia entre esta función de olvido del saber narrativo por una parte, y por otra las funciones de formación de criterios, de unificación de competencias, y de regulación social, que hemos citado más arriba. Simplificando imaginariamente, se puede suponer que una colectividad que hace del relato la forma-clave de la competencia no tiene necesidad, en contra de lo que se pudiera esperar, de apoyarse en su pasado. Encuentra la materia de su lazo social, no sólo en la significación de los relatos que cuenta, sino también en el acto de contarlos. La referencia de los relatos puede parecer perteneciente al mismo pasado, y en realidad siempre es contemporáneo a este acto. Es el acto presente el que cada vez despliega la temporalidad efímera que se extiende entre el *He oído decir* y el *Vais a oír*.

Lo importante en los protocolos pragmáticos de este tipo de narración es que señalan la identidad de principio de todas las ocurrencias del relato. Puede no ser nada, como es el caso frecuente, y no necesita ocultarse lo que hay de humor o de angustia en el respeto por esa etiqueta. Queda que la importancia se confiere al batir métrico de las ocurrencias del relato y no a la diferencia de acento de cada actuación. Por eso se puede decir que esta temporalidad es a la vez evanescente e inmemorial[85].

En fin, lo mismo que no tiene necesidad de acordarse de su pasado, una cultura que conceda preminencia a la forma narrativa es indudable que ya no tiene necesidad de procedimientos especiales para autorizar sus relatos. Es difícil imaginar, primero, que aísle la instancia narrativa de entre otras para concederle un privilegio en la pragmática de los relatos, después, que se interrogue acerca del derecho que el narrador, desconectado así del

---

[84] Ver los análisis de D. Charles, *Le temps et la voix,* Delarge, 1978. Y de Dominique Avron, *L'appareil musical,* París, 10/18, 1978.

[85] Ver Mircea Eliade, *Le mythe de l'eternel retour. Archétypes et répétitions,* París, Gallimard, 1949; trad. esp., Madrid, Alianza, 1982.

«narratario» y la diégesis, tendría de contar lo que cuenta, con el fin de que la cultura emprenda el análisis o la anamnesis de su propia legitimidad. Todavía se imagina menos que pueda atribuir a un incomprensible motivo de la narración la autoridad de los relatos. Éstos tienen por sí mismos esa autoridad. El pueblo es, en un sentido, quien los actualiza, y lo hace no sólo al contarlos, sino también al escucharlos y al hacerse contar por ellos, es decir, al «interpretarlos» en sus instituciones: por tanto, presentándose tanto en el puesto del «narratario» y de la diégesis, como en el de narrador.

Hay, pues, una inconmensurabilidad entre la pragmática narrativa popular, que es desde luego legitimante, y ese juego de lenguaje conocido en Occidente que es la cuestión de la legitimidad, o mejor aún, la legitimidad como referente del juego interrogativo. Los relatos, se ha visto, determinan criterios de competencia y/o ilustran la aplicación. Definen así lo que tiene derecho a decirse y a hacerse en la cultura, y, como son también una parte de ésta, se encuentran por eso mismo legitimados.

7
Pragmática del saber científico

Intentemos caracterizar, siquiera sumariamente, la pragmática del saber científico tal y como se desprende de la concepción clásica del saber. Se distinguirán en ella el juego de la investigación y el de la enseñanza.

Copérnico declara que la trayectoria de los planetas es circular[86]. Sea verdadera o falsa, la proposición comporta un grupo de tensiones, cada una de las cuales se ejerce sobre cada uno de los puestos pragmáticos que ella misma pone en juego: destinador, destinatario y referente. Esas «tensiones» son una especie de prescripciones que regulan la aceptabilidad del enunciado en tanto que «de ciencia».

Primero, el destinador se supone que dice la verdad a propósito del referente, la trayectoria de los planetas. ¿Qué significa eso? Que se supone capaz, por una parte de proporcionar pruebas de lo que dice, y por otra, de refutar todo enunciado contrario o contradictorio a propósito del mismo referente.

Después, el destinatario se supone que puede dar válidamente su acuerdo (o negarlo) al enunciado del que se ocupa. Eso implica que él mismo es un destinador potencial, puesto que cuando formule su asentimiento o discrepancia, será sometido a la misma doble exigencia de demostrar o refutar que el destinador

---

86 El ejemplo se toma prestado de Frege, «Ueber Sinn und Bedeutung» (1892); trad. inglesa, «On Sense and Reference», *Philosophical Writings,* Oxford, Blackwell, 1960.

actual, Copérnico. Se supone, pues, que reúne en potencia las mismas cualidades que éste: es su igual. Pero no se sabrá más que cuando hable, y en esas condiciones. Antes, no podría ser llamado *savant* (el que sabe).

En tercer lugar, el referente, la trayectoria de los planetas de la que habla Copérnico, se supone «expresado» por el enunciado de una manera conforme a lo que es. Pero, como no se puede saber lo que es más que por enunciados de la misma clase que el de Copérnico, la regla de adecuación presenta un problema: lo que yo digo es verdadero porque yo lo demuestro; pero, ¿qué demuestra que mi demostración es verdadera?

La solución científica a esta dificultad consiste en la observancia de una doble regla. La primera es dialéctica o incluso retórica de tipo judicial[87]: es referente lo que puede ser materia a probar, elemento de convicción, en el debate. Eso no lo es: puedo demostrar que la realidad es como yo digo, pero: en tanto que puedo demostrarlo, está permitido pensar que la realidad es como yo digo[88]. La segunda es metafísica: el mismo referente no puede proporcionar una pluralidad de pruebas contradictorias o inconsistentes; o también: «Dios» no engaña[89].

Esta doble regla sustenta lo que la ciencia del siglo XIX llama verificación y la del siglo XX falsificación[90]. Permite proporcionar al debate de los compañeros de juego, destinador y destinatario, el horizonte del consenso. Todo consenso no es indicio de verdad; pero se supone que la verdad de un enunciado no puede dejar de suscitar el consenso.

Esto para la investigación. Se ve que ésta apela a la enseñanza como a su complemento necesario. Pues el científico necesita un destinatario que pueda ser a su vez un destinador, o sea un compañero. Si no, la verificación de su enunciado es imposible por falta de un debate contradictorio, que la no-renovación de las competencias terminaría por hacer imposible. Y no es sólo la verdad de su enunciado sino su propia competencia lo que está

---

[87] B. Latour, «La rhétorique du discours scientifique», *Actes de la recherche en sciences sociales,* 13 (marzo de 1977).

[88] Bachelard, *Le nouvel esprit scientifique,* París, P.U.F., 1934.

[89] Descartes, *Méditations métaphysiques,* París, P.U.F., 1934. (Hay trad. esp., *Meditaciones metafísicas con objeciones y respuestas,* Madrid, Alfaguara, 1977.)

[90] Ver, por ejemplo, K. Hempel, *Philosophy of Natural Science,* Englewood Cliffs, Prentice Hall, 1966; trad. esp., Madrid, Alianza, 1982.

en juego en ese debate; pues la competencia nunca es adquirida, depende de que el enunciado propuesto sea o no considerado a discutir en una secuencia de argumentaciones y refutaciones entre iguales. La verdad del enunciado y la competencia del que lo enuncia están, pues, sometidas al asentimiento de la colectividad de iguales en competencia. Es preciso, por tanto, formar iguales. La didáctica asegura esta reproducción. Es diferente del juego dialéctico de la investigación. Para resumir, su primer presupuesto es que el destinatario, el estudiante, no sabe lo que sabe el destinador; es, en efecto, por esta razón por lo que tiene algo que aprender. Su segundo presupuesto es que puede aprender y convertirse en un experto con idéntica competencia que su maestro[91]. Esta doble exigencia presupone una tercera: que hay enunciados a propósito de los cuales el intercambio de argumentaciones y la administración de pruebas, que constituyen la pragmática de la investigación, se consideran como suficientes y por ese hecho pueden ser transmitidos tal cual son a título de verdades indiscutibles de la enseñanza.

Dicho de otro modo, se enseña lo que se sabe: así es el experto. Pero, a medida que el estudiante (el destinatario de la didáctica) mejora su competencia, el experto puede hacerle partícipe de lo que no sabe y trata de saber (si el experto es, además, investigador). El estudiante es introducido así en la dialéctica de los investigadores, es decir, en el juego de la formación del saber científico.

Si se compara esta pragmática con la del saber narrativo se apreciarán las siguientes propiedades:

1. El saber científico exige el aislamiento de un juego de lenguaje, el denotativo; y la exclusión de los demás. El criterio de aceptabilidad de un enunciado es su valor de verdad. Se encuentran aquí otros tipos de enunciados, como la interrogación («¿Cómo explicar que...?») y la prescripción («Sea una serie determinada de elementos...»); pero sólo son bisagras de la argumentación dialéctica; ésta debe llevar a un enunciado denotativo[92]. Se es, pues, *savant* (en ese sentido) si se puede pronunciar

---

[91] No se pueden abordar aquí las dificultades que crea esta doble presuposición. Ver Vicent Descombes, *L'inconscient malgré lui*, París, Minuit, 1977.

[92] Esta observación oculta una importante dificultad, que también aparecería al examinar la narración: la que concierne a la distinción entre juegos de lenguaje y tipos de discurso. No la estudiamos aquí.

un enunciado verdadero a propósito de un referente; y científico si se pueden pronunciar enunciados verificables con respecto a referentes accesibles a los expertos.

2. Ese saber se encuentra así aislado de los demás juegos de lenguaje cuya combinación forma el lazo social. Ya no es un componente inmediato y compartido como lo es el saber narrativo. Es un componente indirecto, por lo que se convierte en una profesión y da lugar a instituciones, ya que en las sociedades modernas los juegos de lenguaje se reagrupan en forma de instituciones animadas por «compañeros» cualificados, los profesionales. La relación entre el saber y la sociedad (es decir, el conjunto de «compañeros» en la agonística general, en tanto que no son profesionales de la ciencia) se exterioriza. Aparece un nuevo problema, el de la relación de la institución científica con la sociedad. El problema, ¿puede ser resuelto por la didáctica, por ejemplo, según el presupuesto de que todo átomo social puede adquirir la competencia científica?

3. En el seno del juego de la investigación, la competencia requerida se refiere sólo al puesto del enunciador. Éste no tiene competencia particular en cuanto destinatario (no se exige más que en la didáctica: el estudiante debe ser inteligente). Y tampoco tiene competencia como referente. Incluso cuando se trata de ciencias humanas, el referente, que es entonces un determinado aspecto de la conducta humana, está en principio situado exteriormente con relación a los «compañeros» de la dialéctica científica. No hay aquí, como ocurre en la narrativa, un saber ser lo que el saber dice que se es.

4. Un enunciado de ciencia no consigue ninguna validez de lo que informa. Incluso en materia de pedagogía, no se enseña más que si es verificable por medio de la argumentación y el experimento. En sí, nunca está a salvo de una «falsificación»[93]. De este modo, el saber acumulado en enunciados aceptados anteriormente siempre puede ser desechado. Y, a la inversa, todo nuevo enunciado, si está en contradicción con un enunciado anteriormente admitido a propósito del mismo referente, no podrá

---

[93] En el sentido anteriormente indicado en la nota 90.

ser aceptado como válido más que si refuta el enunciado precedente por medio de argumentos y pruebas.

5. El juego de la ciencia implica, pues, una temporalidad diacrónica, es decir, una memoria y un proyecto. El destinador actual de un enunciado científico se supone que tiene conocimiento de los enunciados precedentes a propósito de su referente (bibliografía) y sólo propone un enunciado sobre ese mismo tema si difiere de los enunciados precedentes. Lo que se ha llamado el «acento» de cada actuación está aquí privilegiado con respecto al «metro», y por lo mismo la función polémica de ese juego. Esta diacronía que supone la memorización y la investigación del nuevo enunciado designa en principio un proceso acumulativo. El «ritmo» de éste, que es la relación del acento con el metro, es variable[94].

Estas propiedades son conocidas. Merecen, sin embargo, que se las recuerde por dos razones. En principio, el paralelismo de ciencia y saber no científico (narrativo) hace que se comprenda, o al menos se sienta, que la existencia de la primera ya no tiene necesidad del segundo, y nada menos. Una y otro están constituidos por conjuntos de enunciados; éstos son «jugadas» realizadas por los jugadores en el marco de las reglas generales; esas reglas son específicas a cada saber, y las «jugadas» consideradas buenas en una y en el otro no pueden ser del mismo tipo, salvo por accidente.

No se puede, pues, considerar la existencia ni el valor de lo narrativo a partir de lo científico, ni tampoco a la inversa: los criterios pertinentes no son los mismos en lo uno que en lo otro. Bastaría, en definitiva, con maravillarse ante esta variedad de clases discursivas como se hace ante la de las especies vegetales o animales. Lamentarse de «la pérdida del sentido» en la postmodernidad consiste en dolerse porque el saber ya no sea principalmente narrativo. Se trata de una inconsecuencia. Hay otra que no es menor, la de querer derivar o engendrar (por medio de operadores tales como el desarrollo, etc.) el saber científico a partir del saber narrativo, como si éste contuviera a aquél en estado embrionario.

---

[94] Th. Kuhn, *The Structure of Scientific Revolutions,* Chicago, U.P., 1962. (Hay trad. esp., *La estructura de las revoluciones científicas,* México, F.C.E.)

Con todo, lo mismo que las especies vivas, las del lenguaje mantienen entre ellas relaciones, y éstas están lejos de ser armoniosas. La otra razón que puede justificar el recuerdo sumario de las propiedades del juego de lenguaje de la ciencia afecta precisamente a su relación con el saber narrativo. Hemos dicho que éste último no valora la cuestión de su propia legitimación, se acredita a sí mismo por la pragmática de su transmisión sin recurrir a la argumentación y a la administración de pruebas. Por eso une a su incomprensión de los problemas del discurso científico una determinada tolerancia con respecto a él: en principio lo acepta como una verdad dentro de la familia de las culturas narrativas[95]. La inversa no es verdadera. El científico se interroga sobre la validez de los enunciados narrativos y constata que éstos nunca están sometidos a la argumentación y a la prueba[96]. Los clasifica en otra mentalidad: salvaje, primitiva, subdesarrollada, atrasada, alienada, formada por opiniones, costumbres, autoridad, prejuicios, ignorancias, ideologías. Los relatos son fábulas, mitos, leyendas, buenas para las mujeres y los niños. En el mejor de los casos, se intentará hacer que la luz penetre en ese oscurantismo, civilizar, educar, desarrollar.

Esta relación desigual es un efecto intrínseco de las reglas propias a cada juego. Se conocen los síntomas. Constituyen toda la historia del imperialismo cultural desde los comienzos de Occidente. Es importante reconocer al garante, que se distingue de todos los demás: está dominado por la exigencia de legitimación.

---

[95] Cfr. la actitud de los niños en los primeros cursos de ciencias, o la manera en que los aborígenes interpretan las explicaciones de los etnólogos (ver Lévi-Strauss, *La pensée sauvage, loc. cit.,* capítulo I).

[96] Eso mismo decía Métraux a Clastres: «Para poder estudiar una sociedad primitiva, es preciso que ésta esté ya corrompida.» Es preciso, en efecto, que el informador indígena pueda examinarla con el ojo de un etnólogo, planteándose la cuestión del funcionamiento de sus instituciones, y por ello, la de su legitimidad. Reflexionando sobre su fracaso con la tribu de los Ache, Clastres concluye: «Y por eso, los Ache aceptaban los regalos que no pedían, rechazando los intentos de diálogo porque eran lo bastante fuertes para no necesitarlo: empezaríamos a hablar cuando estuvieran enfermos» (citado por M. Cartry, «Pierre Clastres», *Libre,* 4, 1978).

8
La función narrativa
y la legitimación del saber

Ese problema de la legitimación hoy ya no es considerado un fallo del juego de lenguaje de la ciencia. Sería más exacto decir que está legitimado en sí mismo como problema, es decir, como competencia heurística. Pero esta manera de tratarlo, por inversión, es reciente. Antes de llegar a ella (es decir, a eso que algunos llaman positivismo), el saber científico ha buscado otras soluciones. Es de señalar que durante largo tiempo éstas no han podido evitar el tener que recurrir a procedimientos que, abiertamente o no, se refieren al saber narrativo.

Esa reiteración de lo narrativo en lo no-narrativo, con una forma u otra, no debe considerarse como superada de una vez por todas. Una prueba bastante grosera: ¿qué hacen los científicos en la televisión, entrevistados en los periódicos, después de algún «descubrimiento»? Cuentan una epopeya de un saber perfectamente no-épico. Satisfacen así las reglas del juego narrativo, cuya presión, no sólo sobre los usuarios de los media, sino además sobre su fuero interno, sigue siendo considerable. Pues un hecho como éste no es ni trivial ni añadido: se refiere a la relación del saber científico con el saber «popular», o lo que queda de éste. El Estado puede gastar mucho para que la ciencia pueda presentarse como epopeya: a través de ella, se hace creíble, crea el asentimiento público del que sus propios «decididores» tienen necesidad[97].

No queda, pues, excluido que el recurso a lo narrativo sea inevitable; al menos cuando el juego del lenguaje de la ciencia busque la verdad de sus enunciados y no pueda legitimarla por sus propios medios. En ese caso, sería preciso reconocer una necesidad de historia irreductible, debiendo ésta incluirse, del modo que la hemos bosquejado, no como un deseo de recordar y de proyectar (necesidad de historicidad, necesidad de acento), sino, por el contrario, como una necesidad de olvido (necesidad de *metrum*) (sección 6). En cualquier caso, es prematuro llegar a esto. Pero se mantendrá viva en la mente, en el curso de las siguientes consideraciones, la idea de que las soluciones aparentemente en desuso que han podido ser dadas al problema de la legitimación no lo son en principio, sino sólo en las expresiones que adquieren, y por eso no hay que extrañarse de verlas persistir hoy en día bajo otras formas. ¿No necesitamos nosotros mismos, en este instante, preparar un relato del saber científico occidental para precisar su estatuto?

Desde sus comienzos, el nuevo juego del lenguaje plantea el problema de su propia legitimidad: caso de Platón. Este no es el lugar adecuado para hacer las exégesis de los pasajes de los Diálogos donde la pragmática de la ciencia aparece explícitamente como tema o implícitamente como presupuesto. El juego del diálogo, con sus exigencias específicas, la resume, incluyendo en sí mismo las dos funciones de investigación y de enseñanza. Se retoman aquí ciertas reglas anteriormente enumeradas: la argumentación con el único fin del consenso *(homologia),* la unicidad del referente como garantía de la posibilidad de ponerse de acuerdo, la paridad entre los «compañeros», e incluso el reconocimiento indirecto de que se trata de un juego y no de un destino, puesto que de él se encuentran excluidos todos los que no aceptan las reglas, por debilidad o torpeza[98].

Queda que la cuestión de la legitimidad del mismo juego, dada su naturaleza científica, también debe formar parte de las

---

[97] Sobre la ideología cientifista, ver *Survivre,* 9 (agosto-septiembre, 1971), recogido en Jaubert y Lévy-Leblond, *op. cit.* Al final de esta recopilación se encuentra una bibliografía de los periódicos y de los grupos que luchan contra las diversas formas de subordinación de la ciencia al sistema.

[98] V. Goldschmidt, *Les Dialogues de Platon,* París, P.U.F., 1947.

cuestiones que se plantean en el diálogo. Un ejemplo conocido, y ciertamente importante porque une de golpe esta cuestión a la de la autoridad sociopolítica, nos lo proporcionan los libros VI y VII de *La República*. Se sabe que la respuesta procede, al menos en parte, de un relato, la alegoría de la caverna, que cuenta por qué y cómo los hombres quieren relatos y no reconocen el saber. Éste se encuentra así cimentado en el relato de su suplicio.

Pero hay más: es en su forma misma, los Diálogos escritos por Platón, como el esfuerzo de legitimación proporciona las armas a la narración; pues cada uno de ellos adquiere siempre la forma del relato de una discusión científica. Que la historia del debate sea más bien mostrada que relatada, puesta en escena más que narrada[99], y por ello proceda más de lo trágico que de lo épico, importa poco aquí. El hecho es que el discurso platónico que inaugura la ciencia no es científico, y eso aunque intente legitimarla. El saber científico no puede saber y hacer saber lo que es el verdadero saber sin recurrir al otro saber, el relato, que para él es el no-saber, a falta del cual está obligado a presuponer por sí mismo y cae así en lo que condena, la petición de principio, el prejuicio. Pero, ¿no cae también al autorizarse como relato?

No es éste el lugar adecuado para seguir esa recurrencia de lo narrativo en lo científico a través de los discursos de legitimación de este último que son, en parte al menos, las grandes filosofías antiguas, medievales y clásicas. Es un esfuerzo continuado. Un pensamiento tan resuelto como el de Descartes no puede exponer la legitimidad de la ciencia más que en lo que Valéry llamaba la historia de un espíritu[100], o sino en esa especie de novela de formación *(Bildungsroman)* que es el *Discurso del método*. Aristóteles ha sido sin duda uno de los más modernos al aislar la descripción de las reglas a las que hay que someter los enunciados que se declaran científicos (el *organon*), de la búsqueda de su legitimidad en un discurso sobre el Ser (la *Metafísica*). Y más aún, al sugerir que el lenguaje científico, incluida su pretensión de decir el ser del referente, no está hecho más que de argumentaciones y pruebas, es decir, de dialéctica[101].

---

[99] Términos tomados de G. Genette, *Figures III, loc. cit.*

[100] P. Valéry, *Introduction à la méthode de Léonard de Vinci* (1894), París, Gallimard, 1957 (también contiene «Marginalia» [1930], «Note et digression» [1919], «Léonard et les philosophes» [1929]).

[101] P. Aubenque, *Le problème de l'Être chez Aristote*, París, P.U.F., 1962.

Con la ciencia moderna aparecen dos nuevos componentes en la problemática de la legitimación. Primero, para responder a la pregunta: ¿cómo probar la prueba?, o, más generalmente: ¿quién decide las condiciones de lo verdadero?, se abandona la búsqueda metafísica de una prueba primera o de una autoridad trascendente, se reconoce que las condiciones de lo verdadero, es decir, las reglas de juego de la ciencia son inmanentes a ese juego, no pueden ser establecidas más que en el seno de un debate ya en sí mismo científico, y además, que no existe otra prueba de que las reglas sean buenas como no sea el consenso de los expertos.

Esta disposición general de la modernidad a definir las condiciones de un discurso en un discurso sobre esas condiciones se combina con el restablecimiento de la dignidad de las culturas narrativas (populares), ya en el Humanismo renacentista, y de modo distinto en el siglo de las Luces, el *Sturm und Drang,* la filosofía idealista alemana, la escuela histórica francesa. La narración deja de ser un lapsus de la legitimación. Este recurso explícito al relato en la problemática del saber es concomitante a la emancipación de las burguesías con respecto a las autoridades tradicionales. El saber de los relatos retorna a Occidente para aportar una solución a la legitimación de las nuevas autoridades. Es natural que, en una problemática narrativa, esta cuestión espere la respuesta de un héroe: ¿*quién* tienen derecho a decidir por la sociedad? ¿cuál es el sujeto cuyas prescripciones son normas para aquellos a quienes obligan?

Este modo de interrogar la legitimidad socio-política se combina con la nueva actitud científica: el héroe es el pueblo, el signo de la legitimidad su consenso, su modo de normativación la deliberación. La idea de progreso resulta indefectiblemente de esto: no representa más que el movimiento por el cual el saber se supone que se acumula, pero ese movimiento se extiende al nuevo sujeto socio-político. El pueblo está en debate consigo mismo acerca de lo que es justo e injusto de la misma manera que la comunidad de ilustrados sobre lo que es verdadero y falso; acumula las leyes civiles como acumula las leyes científicas; perfecciona las reglas de su consenso por disposiciones constitucionales cuando las revisa a la luz de sus conocimientos produciendo nuevos «paradigmas»[102].

---

[102] P. Duhem, *Essai sur la notion de théorie physique de Platón à Galilé*, Pa-

Se ve que ese «pueblo» difiere totalmente del que está implicado en los saberes narrativos tradicionales, los cuales, se ha dicho, no requieren ninguna deliberación instituyente, ninguna progresión acumulativa, ninguna pretensión de universalidad: se trata de los operadores del saber científico. No hay, pues, que asombrarse de que los representantes de la nueva legitimación por medio del «pueblo» sean también los destructores activos de los saberes tradicionales de los pueblos, percibidos de ahora en adelante como minorías o separatismos potenciales cuyo destino no puede ser más que oscurantista[103].

Se concibe igualmente que la existencia real de ese sujeto forzosamente abstracto (modelado sobre el paradigma del único sujeto que conoce, es decir, del destinador-destinatario de enunciados denotativos con valor de verdad, con exclusión de otros juegos de lenguaje) dependa de las instituciones en las que se supone debe deliberar y decidir, y que comprende todo o parte del Estado. De este modo la cuestión del Estado se encuentra estrechamente imbricada con la del saber científico.

Pero se ve también que esta imbricación no puede ser simple. Pues el «pueblo», que es la nación o incluso la humanidad, no se contenta, sobre todo en sus instituciones políticas, con conocer; legisla, es decir, formula prescripciones que tienen valor de normas[104]. Ejerce, pues, su competencia no sólo en cuestiones de enunciados prescriptivos que tengan pretensión de justicia. Tal es, se ha señalado, la propiedad del saber narrativo, de donde su concepto nace: contener reunidas una y otra competencia, sin hablar del resto.

El modo de legitimación del que hablamos, que reintroduce el relato como validez del saber, puede tomar así dos direcciones, según represente al sujeto del relato como cognitivo o como práctico: como un héroe del conocimiento o como un héroe de la libertad. Y, en razón de esta alternativa, no sólo la legitimación no tiene siempre el mismo sentido, sino que el propio relato aparece ya como insuficiente para dar una versión completa.

---

rís, Hermann, 1908; A. Koyré, *Études galiléennes* (1940), París, Hermann, 1966; T. Kuhn, *op. cit.*

[103] M. de Certeau, D. Julia y J. Revel, *Une politique de la langue. La Révolution française et les patois,* París, Gallimard, 1975.

[104] Sobre la distinción entre prescripciones y normas, ver G. Kalinowski. «Du métalangage en logique. Réflexions sur la logique déontique et son rapport avec la logique des normes», *Documents de travail,* 48 (noviembre, 1975), Università di Urbino.

9
Los relatos de la legitimación
del saber

Examinaremos dos grandes versiones del relato de legitimación, una más política, otra más filosófica, ambas de gran importancia en la historia moderna, en particular en la del saber y sus instituciones.

Una es aquélla que tiene por sujeto a la humanidad como héroe de la libertad. Todos los pueblos tienen derecho a la ciencia. Si el sujeto social ya no es el sujeto del saber científico, es que lo impiden los sacerdotes y los tiranos. El derecho a la ciencia debe ser reconquistado. Es comprensible que ese relato imponga más una política de la enseñanza primaria que de la Universidad y las Escuelas[105]. La política escolar de la II República francesa ilustra claramente estos presupuestos.

En cuanto a la enseñanza superior, ese relato parece que debe limitar el alcance. De este modo se consideran en general las disposiciones tomadas al respecto por Napoleón con intención de producir las competencias administrativas y profesiona-

---

[105] Se encuentran rastros de esta política en el establecimiento de un curso de filosofía al final de los estudios secundarios. Y también en el proyecto del Grupo de investigación sobre la enseñanza de la filosofía de enseñar «filosofía» a partir del primer ciclo de los estudios secundarios.: G.R.E.P.H., «La philosophie déclassée», *Qui a peur de la philosphie?*, París, Flammarion, 1977. Es igualmente esta dirección, parece, la que orienta las estructuras de los programas de los C.E-.G.E.P, de Quebec, y en especial los de filosofía (ver, por ejemplo, los *Cahiers de l'enseignement collégial* 1975-1976 para la filosofía).

les necesarias para la estabilidad del Estado[106]. Es descuidar que este último, en la perspectiva del relato de las libertades, no recibe su legitimidad de sí mismo, sino del pueblo. Si las instituciones de la enseñanza superior están dedicadas por parte de la política imperial a ser viveros de los cuadros del Estado y accesoriamente de la sociedad civil, es que a través de las administraciones y las profesiones es como ejercerá su actividad la nación que, a su vez, está destinada a conquistar sus libertades gracias a la difusión de nuevos saberes entre la población. El mismo razonamiento vale con mayor motivo para el establecimiento de instituciones propiamente científicas. Se reencuentra el recurso al relato de las libertades cada vez que el Estado toma directamente a su cargo la formación del «pueblo» bajo el nombre de nación y su encaminamiento por la vía del progreso[107].

Con el otro relato de legitimación, la relación entre la ciencia, la nación y el Estado da lugar a una elaboración completamente diferente. Es lo que aparece cuando se funda la Universidad de Berlín entre 1807 y 1810[108]. Su influencia será considerable en la organización de la enseñanza superior en los países jóvenes de los siglos XIX y XX.

Con ocasión de esta creación, el ministerio prusiano aprovechó un proyecto de Fichte y unas consideraciones opuestas presentadas por Schleiermacher. Wilhelm von Humboldt terció en el dilema; se decidió en favor de la opinión más «liberal» del segundo.

---

[106] Ver H. Janne, «L'Université et les besoins de la société contemporaine», *Cahiers de L'Association internationale des universités,* 10 (1970), 5; citado en Commission d'étude sur les universités, *Document de consultation,* Montreal, 1978.

[107] Se encuentra una expresión «dura» (casi místico-militar) en Julio de Mesquita Filho, *Discorso de Paraninfo da primeira turma de licenciados pela Faculdade de Filosofia, Ciências e Letras da Universidade de São Paulo* (27 de enero de 1937); y una expresión adaptada a los problemas modernos del desarrollo de Brasil, en el *Relatorio do Grupo de Trabalho, Reforma Universitária,* Brasilia, Ministerios de Educación y de Cultura, de Planificación, etc., agosto de 1968. Estos documentos forman parte de un informe sobre la Universidad brasileña que me ha sido amablemente comunicado por Helena C. Chamlian y Martha Ramos de Carvalho, de la Universidad de São Paulo; gracias les sean dadas.

[108] El informe es accesible al lector francófono gracias a los cuidados de Miguel Abensour y del College de philosophie: *Philosophies de l'Université. L'idealisme allemand et la question de l'université* (textos de Schelling, Fichte, Schleiermacher, Humboldt, Hegel), París, Payot, 1979.

Al leer la memoria de Humboldt, uno puede estar tentado a reducir toda su política de la institución científica al célebre principio: «Buscar la ciencia en cuanto tal.» Eso sería engañarse acerca de la finalidad de esta política, muy próxima a la que expone de modo más completo Schleiermacher, y que domina el principio de legitimación que nos interesa.

Humboldt declara, por supuesto, que la ciencia obedece a sus propias reglas, que la institución científica «vive y se renueva sin cesar por sí misma, sin ninguna limitación ni finalidad determinada». Pero añade que la Universidad debe dirigir su material, la ciencia, a «la formación espiritual y moral de la nación»[109]. ¿Cómo puede resultar este efecto de *Bildung* de una búsqueda desinteresada del conocimiento? ¿Acaso el Estado, la nación, la humanidad entera no son indiferentes al saber considerado en sí mismo? Lo que les interesa, en efecto, de la propuesta de Humboldt, no es el conocimiento, sino «el carácter y la acción».

El consejero del ministro se encuentra así ante un conflicto mayor, que no deja de recordar la ruptura introducida por la crítica kantiana entre conocer y querer, el conflicto entre un juego de lenguaje hecho de denotaciones que sólo se refieren al criterio de la verdad, y un juego de lenguaje que dirige la práctica ética, social, política, y que comporta necesariamente decisiones y obligaciones, es decir, enunciados de los que no se espera que sean verdaderos, sino justos, y que no dependen más que en último análisis del saber científico.

La unificación de esos dos conjuntos de discursos es, sin embargo, indispensable para la *Bildung* a la que aspira el proyecto de Humboldt y que consiste, no solamente en la adquisición de conocimientos por los individuos, sino en la formación de un sujeto plenamente legitimado del saber y de la sociedad. Humboldt invoca, pues, un Espíritu que Fichte llamaba también la vida, provisto de una triple aspiración o, mejor, de una aspiración triplemente unitaria: «la de derivarlo todo de un principio original», a la que responde la actividad científica; «la de referirlo todo a un ideal», que gobierna la práctica ética; «la de reunir ese principio y este ideal en una única Idea», que asegura que la

---

[109] «Sur l'organisation interne et externe des établissements scientifiques supérieurs à Berlin» (1810), en *Philosophies de l'Université, loc. cit.,* pág. 321.

búsqueda de causas verdaderas en la ciencia no puede dejar de coincidir con la persecución de fines justos en la vida moral y política. El sujeto legítimo se constituye a partir de esta última síntesis.

Humboldt añade de paso que esta triple aspiración pertenece de modo natural al «carácter intelectual de la nación alemana»[110]. Es una concesión, pero prudente, al otro relato, es decir, a la idea de que el sujeto del saber es el pueblo. En realidad, esta idea está lejos de ser conforme con respecto al relato de legitimación del saber propuesto por el idealismo alemán. La desconfianza de un Schleiermacher, de un Humboldt, e incluso de un Hegel, con respecto al Estado es su signo. Si Schleiermacher teme el nacionalismo estrecho, el proteccionismo, el utilitarismo, el positivismo que guía a los poderes públicos en materia de ciencia, es que el principio de ésta no reside, ni indirectamente en éstos últimos. El sujeto del saber no es el pueblo, es el espíritu especulativo. No se encarna, como en Francia después de la Revolución, en un estado, sino en un Sistema. El juego del lenguaje de legitimación no es político-estatal, sino filosófico.

La gran función que las universidades tienen que realizar, es «exponer el conjunto de conocimientos y hacer que aparezcan los principios al mismo tiempo que los fundamentos de todo saber» pues «no existe capacidad científica creadora sin espíritu especulativo»[111]. La especulación es el nombre que aquí lleva el discurso sobre la legitimación del saber científico. Las Escuelas son funcionales; la universidad es especulativa, es decir, filosófica[112]. Esta filosofía debe restituir la unidad de los conocimientos dispersos en ciencias particulares en los laboratorios y en las enseñanzas pre-universitarias; sólo lo puede hacer en un juego de lenguaje que los enlaza unos a otros como momentos en el devenir del espíritu y, por tanto, en una narración o más bien en una metanarración racional. La *Enciclopedia* de Hegel (1817-27) tratará de satisfacer ese proyecto de totalización, ya presente en Fichte y en Schelling como idea del Sistema.

---

110 *Ibíd.*, pág. 323.

111 F. Schleiermacher, «Pensées de circonstance sur les universités de conception allemande» (1808), *ibíd.*, págs. 270-271.

112 «La enseñanza filosófica se reconoce de manera generalizada como fundamento de toda actividad universitaria» (*Ibíd.*, pág. 272).

En eso, en el dispositivo de desarrollo de una Vida que es al mismo tiempo Sujeto, se advierte el recurso del saber narrativo. Hay una «historia» universal del espíritu, el espíritu es «vida», y esa «vida» es la presentación y la formulación de lo que es en sí misma, y tiene por medio el conocimiento ordenado de todas esas formas en las ciencias empíricas. La enciclopedia del idealismo alemán es la narración de la «historia» de ese-sujeto-vida. Pero lo que ésta produce es un metarrelato, pues lo que narra ese relato no debe ser un pueblo envarado en el positivismo particular de esos saberes tradicionales, ni tampoco el conjunto de *savants* que están limitados por los profesionalismos correspondientes a sus especialidades.

Lo que no puede ser sino un metasujeto en disposición de formular y la legitimidad de los discursos de las ciencias empíricas y la de las instituciones inmediatas de las culturas populares. Ese metasujeto, al decir su base común, realiza su fin implícito. El lugar que habita es la Universidad especulativa. La ciencia positiva y el pueblo sólo son formas brutas. El Estado-nación en sí mismo sólo puede expresar válidamente al pueblo por medio del saber especulativo.

Era necesario despejar a la filosofía que a la vez legitima los cimientos de la universidad berlinesa y debería ser el motor de su desarrollo y el del saber contemporáneo. Se ha dicho, esta organización universitaria ha servido de modelo a la constitución o la reforma de la enseñanza superior en los siglos XIX y XX en muchos países, empezando por los Estados Unidos[113]. Pero, sobre todo, esta filosofía, que está lejos de haber desaparecido, especialmente en el medio universitario[114], propone una representación particularmente viva de una solución dada al problema de la legitimidad del saber.

No se justifica la investigación y la difusión de conocimientos por un principio de uso. No se piensa en absoluto que la ciencia deba servir a los intereses del Estado y/o de la sociedad civil. Se desatiende el principio humanista según el cual la humanidad se educa con dignidad y libertad por medio del saber.

---

[113] A. Touraine analiza las contradicciones de este transplante en *Université et société aux Etats-Unis,* París, Seuil, 1972, págs. 32-40.

[114] Apreciable hasta en las conclusiones de un R. Nisbet, *The Degradation of the Academic Dogma: the University in America, 1945-1970,* Londres, Heinemann, 1971. El autor es profesor de la universidad de California, Riverside.

El idealismo alemán recurre a un metaprincipio que funda el desarrollo, a la vez que del conocimiento, de la sociedad y del Estado en la realización de la «vida» de un Sujeto que Fichte llama «Vida divina» y Hegel «Vida del espíritu». Desde esta perspectiva, el saber encuentra en principio su legitimidad en sí mismo, y es él quien puede decir lo que es el Estado y lo que es la sociedad[115]. Pero sólo puede interpretar ese papel cambiando de soporte, por decirlo así, dejando de ser el conocimiento positivo de su referente (la naturaleza, la sociedad, el Estado, etc.), y al convertirse así en el saber de esos saberes, es decir, en especulativo. Bajo el nombre de Vida, de Espíritu, es a sí mismo a quien nombra.

Un resultado destacable del dispositivo especulativo, es que los discursos del conocimiento sobre todos los referentes posibles son tomados, no con su valor de verdad inmediata, sino con el valor que adquieren debido al hecho de que ocupan un cierto lugar en la Enciclopedia que narra el discurso especulativo. Éste los cita al exponer por sí mismo lo que sabe, es decir, al exponerse a sí mismo. El auténtico saber desde esta perspectiva siempre es un saber indirecto, hecho de enunciados referidos e incorporados al metarrelato de un sujeto que asegura su legitimidad.

Y es así para todos los discursos, incluso si no se refieren al conocimiento, por ejemplo, los del derecho y el Estado. El discurso hermenéutico contemporáneo[116] surge de esta presuposición, que asegura en definitiva que hay sentido en el conocer y confiere de ese modo su legitimidad a la historia y especialmente al conocimiento. Los enunciados son tomados como autónimos de sí mismos[117], y están situados en un movimiento donde se supone que se engendran unos a otros: así son las reglas del juego de lenguaje especulativo. La Universidad, como su propio nombre indica, es su institución exclusiva.

Pero, como ya se ha dicho, el problema de la legitimidad puede resolverse por el otro procedimiento. Es preciso señalar la

---

115 Ver. G. W. Hegel, *Philosophie des Rechts* (1821); hay versión española: *Principios de la filosofía del Derecho*, Buenos Aires, Editorial Sudamericana.

116 Ver P. Ricoeur, *Le conflit des interprétations. Essais d'herméneutique,* París, Seuil, 1969; H. Gadamer, *Warheit und Methode,* 2.ª ed., Tubinga, Mohr, 1965. (Trad. esp., *Verdad y método,* Salamanca, Sígueme, 1977.)

117 Sean dos enunciados: (1) *La luna sale;* (2) *El enunciado / la luna sale / es un enunciado denotativo.* Se dice que en (2) el sintagma / *La luna sale* / es autónimo de (1). Ver J. Rey-Debove, *Le métalangage,* París, Le Robert, 1978, parte IV.

diferencia: la primera versión de la legitimidad ha recuperado nuevo vigor hoy que el estatuto del saber se encuentra desequilibrado y su unidad especulativa rota.

El saber no encuentra su validez en sí mismo, en un sujeto que se desarrolla al actualizar sus posibilidades de conocimiento, sino en un sujeto práctico que es la humanidad. El principio del movimiento que anima al pueblo no es el saber en su autolegitimación, sino la libertad en su autofundación o, si se prefiere, en su autogestión. El sujeto es un sujeto concreto o supuestamente concreto, su epopeya es la de su emancipación con respecto a todo lo que le impide regirse por sí mismo. Se supone que las leyes que se dan son justas, no porque sean conformes a una naturaleza exterior, sino porque, por constitución, los legitimadores no son otros que los ciudadanos sometidos a las leyes y, en consecuencia, la voluntad de que la ley haga justicia, que es la del ciudadano, coincide con la voluntad del legislador, que es que la justicia haga ley.

Este modo de legitimación por la autonomía de la voluntad[118] privilegia, como se ve, un juego de lenguaje totalmente diferente, el que Kant llamaba el imperativo, y que los contemporáneos llaman prescriptivo. Lo importante no es, o no lo es solamente, legitimar enunciados denotativos, referidos a la verdad, como: *La Tierra gira alrededor del sol,* sino enunciados prescriptivos, referidos a lo justo, como: *Hay que destruir Cartago,* o: *El salario mínimo debe fijarse en x francos.* Desde esta perspectiva, el saber positivo no tiene más papel que el de informar al sujeto práctico de la realidad en la cual se debe inscribir la ejecución de la prescripción. Le permite circunscribir lo ejecutable, lo que se puede hacer. Pero lo ejecutorio, lo que se debe hacer, no le pertenece. Que una empresa sea posible es una cosa, que sea justa es otra. El saber ya no es el sujeto, está a su servicio; su única legitimidad (que es considerable) es permitir que la moralidad se haga realidad.

Así se introduce una relación del saber con la sociedad y con su Estado que, en principio, es la del medio con el fin. Los cien-

---

[118] El principio, en cuestión de ética transcendental al menos, es kantiano: ver la *Crítica de la razón práctica.* En cuestiones de política y ética empírica, Kant es prudente: como nadie puede identificarse con el sujeto transcendental, es más exacto teóricamente integrarse con las autoridades existentes. Ver, por ejemplo: Antwort an der Frage: «Was ist 'Aulfklärung?» (1784), en *Filosofía de la Historia.*

tíficos no deben prestarse a ella más que si consideran justa la política del Estado, es decir, el conjunto de sus prescripciones. Pueden recusar las prescripciones del Estado en nombre de la sociedad civil de la que son miembros si consideran que ésta no está bien representada por aquél. Ese tipo de legitimación les reconoce la autoridad, a título de seres humanos prácticos, de negarse a prestar su concurso de *savants* a un poder político que consideran injusto, es decir, no fundado en la autonomía propiamente dicha. Incluso pueden llegar a hacer uso de su ciencia para demostrar que esa autonomía no es, en efecto, realizada por la sociedad y el Estado. Se reitera así la función crítica del saber. Pero queda que éste no tiene otra legitimidad final que servir a los fines a que aspira el sujeto práctico, que es la colectividad autónoma[119].

Esta distribución de papeles en la empresa de legitimación es interesante, desde nuestro punto de vista, porque supone, a la inversa que la teoría del sistema-sujeto, que no hay unificación ni totalización posibles de los juegos de lenguaje en un metadiscurso. Aquí, al contrario, el privilegio conferido a los enunciados prescriptivos, que son los que pronuncia el sujeto práctico, los hace independientes en principio de los enunciados de ciencia, que no tienen otra función que la de información para dicho sujeto.

Dos observaciones:

1. Sería fácil mostrar que el marxismo ha oscilado entre los dos modos de legitimación narrativa que acabamos de describir. El Partido puede ocupar el lugar de la Universidad, el proletariado el del pueblo o la humanidad, el materialismo dialéctico el del idealismo especulativo, etc.; de ello puede resultar el stalinismo y su relación específica con las ciencias, que entonces no son más que la cita del metarrelato de la marcha hacia el socialismo como equivalente a la vida del espíritu. Pero también puede, por el contrario, según la segunda versión, desarrollarse como

---

[119] Ver I. Kant, *art. cit.;* J. Habermas, *Strukturwandel der Oeffentlichkeit,* Frankfurt, Luchterhand, 1962. Los términos *público* y *publicidad* se entienden como las expresiones «hacer pública una correspondecia privada», y «debate público», etc. Ese principio de *Oeffentlichkeit* ha guiado la acción de muchos grupos de científicos a fines de los años 60, especialmente el movimiento «Survivre», el grupo «Scientists and Engineers for Social and Political Action» (U.S.A.) y el grupo «British Society for Social Responsability in Science» (G.B.).

saber crítico, planteando que el socialismo no es más que la constitución del sujeto autónomo y que toda la justificación de las ciencias consiste en dar al sujeto empírico (el proletariado) los medios para su emancipación con respecto a la alienación y a la representación: esa fue sumariamente la postura de la Escuela de Frankfurt.

2. Se puede leer el *Discurso* que Heidegger pronunció el 27 de mayo de 1933 cuando su toma de posesión del Rectorado de la Universidad de Friburgo-en-Brisgau[120], como un desgraciado episodio de la legitimación. La ciencia especulativa se convierte en él en la interrogación del ser. Este es el «destino» del pueblo alemán, llamado «pueblo histórico-espiritual». Ese sujeto al que le son debidos tres servicios: trabajo, defensa y saber. La Universidad asegura el metasaber de esos tres servicios, es decir, la ciencia. La legitimación se hace, pues, como en el idealismo, por medio de un metadiscurso llamado ciencia, que tiene una pretensión ontológica. Pero es interrogante, y no totalizador. Y, por otra parte, la Universidad, que es el lugar donde se administra, debe esta ciencia a un pueblo al que compete la «misión histórica» de realizarla trabajando, luchando y conociendo. Ese pueblo-sujeto no tiene vocación de emancipar a la humanidad, sino de realizar su «auténtico mundo del espíritu», que es «la potencia de conservación más profunda de sus fuerzas de tierra y de sangre». Esta inserción del relato de la raza y del trabajo en el del espíritu, para legitimar el saber y sus instituciones, es doblemente desgraciado: teóricamente inconsistente, encontrará en el contexto político un eco desastroso.

---

[120] G. Granel ha publicado una traducción francesa en *Phi,* Suplemento de los *Annales de l'université de Toulouse-Le Mirail,* Toulouse (enero, 1977).

10
La deslegitimación

En la sociedad y la cultura contemporáneas, sociedad postindustrial, cultura postmoderna[121], la cuestión de la legitimación del saber se plantea en otros términos. El gran relato ha perdido su credibilidad, sea cual sea el modo de unificación que se le haya asignado: relato especulativo, relato de emancipación.

Se puede ver en esa decadencia de los relatos un efecto del auge de técnicas y tecnologías a partir de la Segunda Guerra Mundial, que ha puesto el acento sobre los medios de la acción más que sobre sus fines; o bien el del redespliegue del capitalismo liberal avanzando tras su repliegue bajo la protección del keynesismo durante los años 1930-1960; auge que ha eliminado la alternativa comunista y que ha revalorizado el disfrute individual de bienes y servicios.

Estas búsquedas de causalidad siempre son ilusorias. Supóngase que se admite una u otra de esas hipótesis. Queda por explicar la correlación de las tendencias invocadas con la decadencia de la potencia unificadora y legitimadora de los grandes relatos de la especulación y de la emancipación.

El impacto que la recuperación y la prosperidad capitalista, por una parte, el auge desconcertante de las técnicas, por otra, pueden tener sobre el estatuto del saber es ciertamente comprensible. Pero antes es preciso reparar en los gérmenes de la «desle-

---

[121] Ver nota 1. Ciertos aspectos científicos del postmodernismo aparecen inventariados en I. Hassan, «Culture, Indeterminacy, and Immanence: Margins of the (Postmodern) Age», *Humanities in Society,* 1, (invierno de 1978), págs. 51-85.

gitimación»[122] y del nihilismo que eran inherentes a los grandes relatos del siglo XIX para comprender cómo la ciencia contemporánea podía ser sensible a esos impactos desde bastante antes de que tuvieran lugar.

El dispositivo especulativo en principio encubre una especie de equivocación con respecto al saber. Muestra que éste sólo merece su nombre en tanto se reitera (se «apoya», *hebt sich auf*) en la cita que hace de sus propios enunciados en el seno de un discurso de segunda clase (autonimia) que los legitima. Que es lo mismo que decir que, en su inmediatez, el discurso denotativo con respecto a un referente (un organismo vivo, una propiedad química, un fenómeno físico, etc.) no sabe en realidad lo que cree saber. La ciencia positiva no es un saber. Y la especulación se nutre de su supresión. De este modo, el relato especulativo hegeliano contiene en sí mismo, y según el testimonio de Hegel, un escepticismo con respecto al conocimiento positivo[123].

Una ciencia que no ha encontrado su legitimidad no es una ciencia auténtica, desciende al rango más bajo, el de la ideología o el de instrumento del poder, si el discurso que debía legitimarla aparece en sí mismo como referido a un saber precientífico, al mismo título que un «vulgar» relato. Lo que no deja de producirse si se vuelven contra él las reglas de juego de la ciencia que ese saber denuncia como empírica.

Sea el enunciado especulativo: un enunciado científico es un saber si y, solamente si, se sitúa a sí mismo en un proceso universal de generación. La cuestión que se plantea con respecto a él es: ¿este enunciado es en sí mismo un saber en el sentido determinado por él? Sólo lo es si puede situarse a sí mismo en un proceso universal de generación. Y puede. Le basta con presuponer que ese proceso existe (la Vida del espíritu) y que él es su expresión. Esta presuposición es incluso indispensable para el juego de lenguaje especulativo. Si no se hace, el lenguaje de la legitimación no sería en sí mismo legítimo, y, como la ciencia, quedaría sumido en el sinsentido, al menos si se cree al idealismo.

Pero se puede comprender esta presunción de un sentido to-

---

[122] C. Müller emplea la expresión «a process of delegitimation» en *The Politics of Communication, loc. cit.,* pág. 164.

[123] «Camino de duda (...), camino de desesperación (...), escepticismo», escribe Hegel en el Prefacio a la *Fenomenología del espíritu,* para describir el efecto de la pulsación especulativa sobre el conocimiento natural.

talmente distinto, que nos aproxime a la cultura postmoderna: define, se dirá, desde la perspectiva que hemos adoptado anteriormente, al grupo de reglas que es preciso admitir para jugar al juego especulativo[124]. Semejante apreciación supone primeramente que se acepta como modo general del lenguaje de saber el de las ciencias «positivas», y en segundo lugar, que se considera que ese lenguaje implica presuposiciones (formales y axiomáticas) que siempre debe explicitar. En términos diferentes, Nietzsche no hace otra cosa cuando muestra que el «nihilismo europeo» resulta de la autoaplicación de la exigencia científica de verdad a esta exigencia[125].

De ese modo se abre paso la idea de perspectiva, que no está lejos, al menos según esta consideración, de la de los juegos de lenguaje. Se tiene ahí un proceso de deslegitimación que tiene por motor la exigencia de legitimación. La «crisis» del saber científico, cuyos signos se multiplican desde fines del siglo XIX, no proviene de una proliferación fortuita de las ciencias que en sí misma sería el efecto del progreso de las técnicas y de la expansión del capitalismo. Procede de la erosión interna del principio de legitimidad del saber. Esta erosión es efectiva en el juego especulativo, y es la que, al relajar la trama enciclopédica en la que cada ciencia debía encontrar su lugar, las deja emanciparse.

Las delimitaciones clásicas de los diversos campos científicos quedan sometidas a un trabajo de replanteamiento causal: disciplinas que desaparecen, se producen usurpaciones en las fronteras de las ciencias, de donde nacen nuevos territorios. La jerarquía especulativa de los conocimientos deja lugar a una red inmanente y por así decir «plana» de investigaciones cuyas fronteras respectivas no dejan de desplazarse. Las antiguas «facultades» estallan en instituciones y fundaciones de todo tipo; las universidades pierden su función de legitimación especulativa. Despojadas de la responsabilidad de la investigación que el relato especulativo ahoga, se limitan a transmitir los saberes consi-

---

[124] Por temor a sobrecargar la exposición, se remite a un estudio ulterior el examen de ese grupo de reglas.

[125] Nietzsche, «Der europäische Nihilismus» (ms. N VII 3); «Der Nihilism, ein normaler Zustand» (ms. W II 1); «Kritik der Nihilism» (ms. W VII 3); «Zum Plane» (ms. W II 1), en *Nietzsches Werke Kritische Gesamtausgabe*, VII, 1 & 2 (1887-1889), Berlín, de Gruyter, 1970. Esos textos han sido objeto de un comentario de K. Ryjik, *Nietzsche, le manuscrit de Lenzer Heide,* mecanografiado, Departamento de Filosofía, Universidad de París, VIII (Vincennes).

derados establecidos y aseguran por medio de la didáctica más bien la reproducción de los profesores que la de los *savants.* Es en este estado en el que Nietzsche las encuentra, y las condena[126].

En cuanto al otro procedimiento de legitimación, el que procede del *Aufklärung,* el dispositivo de la emancipación, su potencia intrínseca de erosión no es menor que la que opera en el discurso especulativo. Pero lleva a otro aspecto. Su característica es fundar la legitimidad de la ciencia, la verdad, sobre la autonomía de los interlocutores comprometidos en la práctica ética, social y política. Pues esta legitimación crea de golpe un problema, como hemos visto: entre un enunciado denotativo con valor cognitivo y un enunciado prescriptivo con valor práctico, la diferencia es de pertinencia y, por tanto, de competencia. Nada demuestra que, si un enunciado que describe lo que es una realidad es verdadero, el enunciado prescriptivo que tendrá necesariamente por efecto modificarla, sea justo.

Sea una puerta cerrada. De *La puerta está cerrada* a *Abrid la puerta,* no hay consecuencias en el sentido de la lógica de predicados. Los dos enunciados se refieren a dos conjuntos de reglas autónomas, que determinan pertinencias diferentes, y por ello competencias diferentes. Aquí, el resultado de esta división de la razón en cognitiva o teórica por una parte, y práctica por otra, tiene por efecto atacar la legitimidad del discurso de ciencia, no directamente, sino indirectamente revelando que es un juego de lenguaje dotado de sus propias reglas (cuyas condiciones *a priori* de conocimiento son en Kant un primer planteamiento), pero sin ninguna vocación de reglamentar el juego práctico (ni estético, por lo demás). Se pone así en paridad con otros.

Esta «deslegitimación», si se la persigue aunque sólo sea un poco, si se amplía su alcance, lo que hace Wittgenstein a su manera, y lo que hacen a la suya pensadores como Martin Buber y Emmanuel Lévinas[127], abre el camino a una importante corriente de la postmodernidad: la ciencia juega su propio juego, no puede legitimar a los demás juegos de lenguaje. Por ejemplo, el

---

[126] «Sur l'avenir de nos établissements d'enseignement» (1872), trad. francesa en F. Nietzsche, *Écrits posthumes 1870-1873,* París, Gallimard, 1975.

[127] M. Buber, *Je et Tu,* París, Aubier, 1938; íd., *Dialogisches Leben,* Zurich, Müller, 1947; E. Lévinas, *Totalité et infini,* La Haya, Nijhoff, 1961; íd., «Martin Buber und die Erkenntnstheorie (1958)»; en Varios, *Philosophen des 20. Jahrunderts,* Stuttgart, Kohlhammer, 1963.

de la prescripción se le escapa. Pero ante todo no puede legitimarse en sí mima como suponía la especulación.

En esta diseminación de los juegos de lenguaje, el que parece disolverse es el propio sujeto social. El lazo social es lingüístico, pero no está hecho de una única fibra. Es un cañamazo donde se entrecruzan al menos dos tipos, en realidad un número indeterminado, de juegos de lenguajes que obedecen a reglas diferentes. Wittgenstein escribe: «Se puede considerar nuestro lenguaje como a una vieja ciudad: un laberinto de callejas y de plazuelas, casas nuevas y viejas, y casas ampliadas en épocas recientes, y eso rodeado de bastantes barrios nuevos de calles rectilíneas bordeadas de casas uniformes»[128]. Y para demostrar que el principio de unitotalidad, o la síntesis bajo la autoridad de un metadiscurso de saber, es inaplicable, hace sufrir a la «ciudad» del lenguaje la vieja paradoja del sorites, preguntando: «¿A partir de cuántas casas o calles una ciudad empieza a ser una ciudad?»[129].

Nuevos lenguajes vienen a añadirse a los antiguos, formando los barrios de la ciudad vieja, «el simbolismo químico, la notación infinitesimal»[130]. Treinta y cinco años después, se pueden añadir los lenguajes-máquinas, las matrices de teoría de los juegos de teoría de los juegos, las nuevas notaciones musicales, las notaciones lógicas no denotativas (lógicas del tiempo, lógicas deónticas, lógicas modales), el lenguaje del código genético, los grafos de las estructuras fonológicas, etc.

Se puede sacar de este estallido una impresión pesimista: nadie habla todas esas lenguas, carecen de metalenguaje universal, el proyecto del sistema-sujeto es un fracaso, el de la emancipación no tiene nada que ver con la ciencia, se ha hundido en el positivismo de tal o tal otro conocimiento particular, los *savants* se han convertido en científicos, las tareas de investigación desmultiplicadas se convierten en tareas divididas en parcelas que nadie domina[131]; y por su parte, la filosofía especulativa o hu-

---

128 *Investigations philosophiques, loc. cit.,* pág. 18.

129 *Ibíd.*

130 *Ibíd.*

131 Ver, por ejemplo, «La taylorisation de la recherche», en *(Auto)critique de la science, loc. cit.,* págs. 291-293. Y sobre todo, D. J. de Solla Price *(Little Science, Big Science,* Nueva York, Columbia U.P., 1963), que subraya la separación existente entre un pequeño número de investigadores de producción elevada

manista sólo anula sus funciones de legitimación[132], lo que explica la crisis que sufre allí donde pretende asumirlas todavía, o reducción al estudio de lógicas o historias de las ideas allí donde ha desistido por realismo[133].

Ese pesimismo es el que ha alimentado a la generación de comienzos de siglo en Viena: artistas, Musil, Kraus, Hofmannsthal, Loos, Schoenberg, Broch, pero también filósofos como Mach y Wittgenstein[134]. Sin duda han llevado tan lejos como era posible la ciencia y la responsabilidad teórica y artística de la deslegitimación. Se puede decir hoy que ese trabajo ya ha sido realizado. No va a reiniciarse. Fue la fuerza de Wittgenstein para no salir del aspecto del positivismo que desarrollaba el Círculo de Viena[135] y para rastrear en su investigación juegos de lenguaje, la perspectiva de otro tipo de legitimación distinto a la performatividad. Con ella se las debe entender el mundo postmoderno. La nostalgia del relato perdido ha desaparecido por sí misma para la mayoría de la gente. De lo que no se sigue que estén entregados a la barbarie. Lo que se lo impide es saber que la legitimación no puede venir de otra parte que de su práctica lingüística y de su interacción comunicacional. Ante cualquier otra creencia, la ciencia «que se ríe para sus adentros» les ha enseñado la ruda sobriedad del realismo[136].

(evaluada en número de publicaciones) y una gran masa de investigadores de escasa productividad. El número de estos últimos se incrementa multiplicando por 2 el número de los primeros, si bien éstos no aumentan de verdad más que cada veinte años, aproximadamente. Price concluye que la ciencia considerada como entidad social es *undemocratic* (59), y que *the eminent scientist* lleva cien años de adelantado sobre *the minimal one* (56).

[132] Ver J. T. Desanti, «Sur le rapport traditionnel des sciences et de la philosophie», *La philosophie silencieuse, ou critique des philosophies de la science,* París, Seuil, 1975.

[133] La reclasificación de la filosofía universitaria en el conjunto de las ciencias humanas es a este respecto de una importancia que excede con mucho las inquietudes de la profesión. Nosotros no creemos que la filosofía como trabajo de legitimación esté condenada; pero es posible que no pueda llevarlo a cabo, o al menos desarrollarlo, más que revisando sus vínculos con la institución universitaria. Ver al respecto el preámbulo al *Project d'un institut polytechnique de philisophie,* Departamento de filosofía, Universidad de París, VIII (Vincennes), 1979).

[134] Ver A. Janik & St. Toulmin, *Wittgenstein's Vienna,* Nueva York, Simon & Schuster, 1973; hay trad. esp. en Taurus, Madrid: *La Viena de Wittgenstein;* J. Piel ed., «Vienne dèbut d'un siècle» *Critique,* 339-340 (agosto-septiembre, 1975).

[135] Ver J. Habermas, «Dogmatisme, raison et décision: theorie et pratique dans une civilisation scientifisée» (1963), *Théorie et pratique,* II, *loc. cit.,* pág. 95.

[136] «La ciencia sonríe para sus adentros» es el título de un capítulo de *El hombre sin atributos,* de Musil; citado y comentado por J. Bouveresse, «La problématique du sujet...» *loc. cit.*

11
La investigación y su legitimación por la performatividad

Volvamos a la ciencia y examinemos en primer lugar la pragmática de la investigación. Se encuentra afectada hoy en sus regulaciones esenciales por dos importantes modificaciones: el enriquecimiento de las argumentaciones, la complicación de la administración de pruebas.

Aristóteles, Descartes, Stuart Mill, entre otros, han intentado fijar las reglas por medio de las cuales un enunciado con valor denotativo puede conseguir la adhesión del destinatario[137]. La investigación científica no tiene demasiado en cuenta esos métodos. Puede usar, y de hecho usa, lenguajes, como se ha dicho, cuyas propiedades demostrativas parecen desafíos a la razón de los clásicos. Bachelard ha hecho un balance de ellos, que ya resulta incompleto[138].

El uso de esos lenguajes no es, sin embargo, indiscriminado. Está sometido a una condición que se puede llamar prágmatica, la de formular sus propias reglas y pedir al destinatario que las acepte. Al satisfacer esta condición, se define una axiomática, la que comprende la definición de los símbolos que serán emplea-

---

[137] Aristóteles en las *Analíticas* (alrededor del 300 a. C.); Descartes en las *Regulae ad directionem ingenii* (hacia 1628) y los *Principios de la filosofía* (1644); Stuart Mill en el *Sistema de lógica inductiva y deductiva* (1843).

[138] G. Bachelard, *Le rationalisme apliqué*, París, P.U.F., 1949; M. Serres, «La réforme et les sept péchés», *Arc,* 42 (núm. especial Bachelard), 1970.

dos en el lenguaje propuesto, la forma que deberán respetar las expresiones de ese lenguaje para poder ser aceptadas (expresiones bien formadas), y las operaciones que se permitirán con esas expresiones, y que definen los axiomas propiamente dichos[139].

Pero, ¿cómo se sabe lo que debe contener o lo que contiene una axiomática? Las condiciones que se acaban de enumerar son formales. Debe existir un metalenguaje determinante si un lenguaje satisface las condiciones formales de una axiomática: este metalenguaje es el de la lógica.

Una precisión se impone aquí de pasada. Que se comience por fijar la axiomática para obtener a continuación enunciados que sean aceptables dentro de ella, o que, por el contrario, el científico comience por establecer hechos y por enunciarlos, y busque a continuación la axiomática del lenguaje de la que se ha servido para enunciarlos, no constituye una alternativa lógica, sino solamente empírica. Tiene, sin duda, una gran importancia para el investigador, y también para el filósofo, pero la cuestión de la validación de los enunciados se plantea de modo paralelo en los dos casos[140].

Una cuestion más pertinente para la legitimación es: ¿por medio de qué criterios define el lógico las propiedades requeridas por una axiomática? ¿Existe un modelo de lengua científica? ¿Ese modelo es único? ¿Es verificable? Las propiedades requeridas en general por la sintaxis de un sistema formal[141] son la consistencia (por ejemplo, un sistema no consistente con respecto a la negación admitiría en sí paralelamente una proposición y su contraria), la completud sintáctica (el sistema pierde su consistencia si se le añade un axioma), la decidibilidad (existe un procedimiento efectivo que permite decidir si una proposición cualquiera pertenece o no al sistema), y la independencia de axiomas unos con respecto a otros. Pues Gödel ha establecido de modo efectivo la existencia, en el sistema aritmético, de una

[139] D. Hilbert, *Grundlangen der Geometrie,* 1899; N. Bourbaki, «L'architecture des mathématiques», en Le Lionnais ed., *Les grands courants de la pensée mathématique,* París, Hermann, 1948; R. Blanché, *L'axiomatique,* París, P.U.F., 1955.

[140] Ver Blaché, *op. cit.,* capítulo V.

[141] Seguimos aquí a R. Martin, *Logique contemporaine et formalisation,* París, P.U.F., 1964, págs. 33-41 y 122 y ss.

proposición que no es ni demostrable ni refutable en el sistema; lo que entraña que el sistema aritmético no satisface la condición de completud[142].

Puesto que se puede generalizar esta propiedad, es preciso, por tanto, reconocer que existen limitaciones internas a los formalismos[143]. Esas limitaciones significan que, para el lógico, la metalengua utilizada para describir un lenguaje artificial (axiomática) es la «lengua natural», o «lengua cotidiana»; esta lengua es universal, puesto que todas las demás lenguas se dejan traducir a ella; pero no es consistente con respecto a la negación: permite la formación de paradojas[144].

A causa de esto, la cuestión de la legitimación del saber se plantea de otro modo. Cuando se declara que un enunciado de carácter denotativo es verdadero, se presupone que el sistema axiomático en el cual es decidible y demostrable ha sido formulado, es conocido por los interlocutores y aceptado por ellos como tan formalmente satisfactorio como sea posible. Es en este espíritu donde se ha desarrollado, por ejemplo, la matemática del grupo Bourbaki[145]. Pero otras ciencias pueden hacer observaciones análogas: deben su estatuto a la existencia de un lenguaje cuyas reglas de funcionamiento no pueden ser demostradas, sino que son objeto de un consenso entre los expertos. Esas reglas son exigidas al menos por ciertos de ellos. La exigencia es una modalidad de la prescipción.

La argumentación exigible para la aceptación de un enunciado científico está, pues, subordinada a una «primera» aceptación (en realidad constantemente renovada en virtud del princi-

---

[142] K. Gödel, «Ueber formal unentscheidbare Sätze der Principia Mathematica und verwandter Systeme», *Monatschrift für Marthematik und Physik,* 38 (1931). Para una exposición accesible al profano del teorema de Gödel, ver D. Lacombe, «Les idées actuelles sur la structure des mathématiqucs»; en Varios, *Notion et structure de la conaissance,* París, Albin-Michel, 1957, págs. 39-160.

[143] J. Ladrière, *Les limitations internes des formalismes,* Lovaina y París, 1957.

[144] A. Tarski, *Logique, sémantique, métamathématique,* I, París, Armand-Colin, 1972. J. P. Desclès & Z. Guentcheva-Desclès, «Metalangue, métalangage, métalinguistique», *Documents de Travail,* págs. 60-61, Università di Urbino (enero-febrero, 1977).

[145] *Les éléments des mathématiques,* París, Hermann, 1940 y ss. Los puntos de partida lejanos de este trabajo se encuentran en los primeros intentos de demostrar ciertos «postulados» de la geometría euclidiana. Ver L. Brunschvicg, *Les étapes de la philosophie mathématique,* 3.ª ed., París, P.U.F., 1947.

pio de recursividad) de las reglas que fijan los medios de la argumentación. De ahí dos propiedades destacables de ese saber: la flexibilidad de sus medios, es decir, la multiplicidad de sus lenguajes; su carácter de juego pragmático, la aceptabilidad de las «jugadas» que se hacen (la introducción de nuevas proposiciones) que depende de un contrato establecido entre los «compañeros». De ahí también la diferencia entre dos tipos de «progreso» en el saber: uno correspondiente a una nueva jugada (nueva argumentación) en el marco de reglas establecidas, otro a la investigación de nuevas reglas y, por tanto, a un cambio de juego[146].

A esta nueva disposición corresponde, evidentemente, un desplazamiento de la idea de la razón. El principio de un metalenguaje universal es reemplazado por el de la pluralidad de sistemas formales y axiomáticos capaces de argumentar enunciados denotativos, esos sistemas que están descritos en un metalenguaje universal, pero no consistente. Lo que pasaba por paradoja, o incluso por paralogismo, en el saber de la ciencia clásica y moderna, puede encontrar en uno de esos sitemas una fuerza de convicción nueva y obtener el asentimiento de la comunidad de expertos[147]. El método para los juegos de lenguaje que hemos seguido aquí se considera modestamente incluido dentro de esa corriente de pensamiento.

Se sigue una dirección completamente distinta con el otro aspecto importante de la investigación, el que concierne a la administración de la prueba. Ésta es, en principio, una parte de la argumentación destinada a hacer aceptar un nuevo enunciado como el testimonio o la prueba en el caso de la retórica judicial[148]. Pero plantea un problema especial: con ella el referente (la «realidad») es convocado y citado en el debate entre científicos.

Hemos dicho que la cuestión de la prueba presenta problemas, en lo que se refiere a que debe probar la prueba. Se pueden al menos publicar los medios de la prueba, de modo que los otros científicos puedan asegurarse del resultado repitiendo el

---

[146] T. Kuhn, *The structure...*, *loc. cit.*

[147] Se encontrará una clasificación de las paradojas lógico-matemáticas en F. P. Ramsey, *The Foundations of Mathematics and Other Logical Essays,* Nueva York, Harcourt, Brace & Co., 1931.

[148] Ver Aristóteles, *Retórica,* II, 1393 y ss.

proceso que ha llevado a él. Queda que administrar una prueba es hacer constatar un hecho. Pero, ¿qué es una constatación? ¿El registro del hecho por el ojo, el oído, un órgano de los sentidos?[149]. Los sentidos confunden, y están limitados en alcance, en poder discriminador.

Aquí intervienen las técnicas. Éstas, inicialmente, son prótesis de órganos o de sistemas fisiológicos humanos que tienen por función recibir los datos o actuar sobre el contexto[150]. Obedecen a un principio, el de la optimización de actuaciones: aumento del *output* (informaciones o modificaciones obtenidas), disminución del *input* (energía gastada) para obtenerlos[151]. Son, pues, juegos en los que la pertinencia no es ni la verdadera, ni la justa, ni la bella, etc., sino la eficiente: una «jugada» técnica es «buena» cuando funciona mejor y/o cuando gasta menos que otra.

Esta definición de la competencia es tardía. Las invenciones tienen lugar durante largo tiempo por sacudidas con ocasión de investigaciones al azar o que interesaban más o lo mismo a las artes *(technai)* que al saber: los griegos clásicos, por ejemplo, no establecen relación sólida entre éste último y las técnicas[152]. En los siglos XVI y XVII, los trabajos de los «prospectores» proceden aún de la curiosidad y de la innovación artística[153]. Y siguen así hasta fines del siglo XVIII[154]. Y se puede mantener que en nuestros días todavía hay actividades «salvajes» de invención técnica, a veces emparentadas con el «bricolage», que persisten independientemente de las necesidades de la argumentación científica[155].

---

[149] También es el problema del testimonio y de la fuente histórica: ¿el hecho se conoce de oídas o *de visu?* La distinción aparece en Herodoto. Ver F. Hartog, «Hérodote rapsode et arpenteur», *Hérodote,* 9 (diciembre de 1977), págs. 56-65.

[150] A. Gehlen, «Die Technik in der Sichtweise der Anthropologie», *Anthropologische Forschung,* Hamburgo, 1961.

[151] A. Leroi-Gourhan, «Milieu et techniques», Albin-Michel, 1945; íd., *Le geste et la parole,* I, *Technique et langage,* Albin-Michel, 1964.

[152] J. P. Vernant, *Mythe et pensée chez les Grecs,* París, Maspero, 1965, especialmente la sección 4: «Le travail et la pensée technique» (trad, esp.: Barcelona, Ariel, 1974).

[153] J. Baltrusaitis, *Anamorphoses, ou magie artificielle des effets merveilleux,* París, O. Perrin, 1969 (trad. esp. en preparación).

[154] L. Mumford, *Technics and civilization,* Nueva York, Harcourt, Brace & World, 1934; hay trad. esp.: *Técnica y civilización,* Madrid, Alianza, 1971.

[155] Un ejemplo sorprendente lo estudian M. J. Mulkay & D. O. Edge, «Cognitive, Technical and Social Factors in the Growth of Radio-astronomy», *Social Science Information,* (1973), págs. 25-61: utilización de radio-aficionados para verificar ciertas implicaciones de la teoría de la relatividad.

Sin embargo, la necesidad de administrar la prueba se hace notar más vivamente a medida que la pragmática del saber científico ocupa el puesto de los saberes tradicionales o revelados. Al final del *Discurso,* ya Descartes pide pruebas de laboratorio. El problema se plantea entonces así: los aparatos que optimizan las actuaciones del cuerpo humano con vistas a administrar la prueba exigen un suplemento de gasto. Pues no hay prueba ni verificación de enunciados, ni tampoco verdad, sin dinero. Los juegos del lenguaje científico se convierten en juegos ricos, donde el más rico tiene más oportunidades de tener razón. Una ecuación se establece entre riqueza, eficiencia y verdad.

Lo que se produce a fines del siglo XVIII, cuando la primera revolución industrial, es el descubrimiento de la recíproca: no hay técnica sin riqueza, pero tampoco riqueza sin técnica. Un dispositivo técnico exige una inversión, pero, dado que optimiza la actuación a la que se aplica, puede optimizar también la plusvalía que resulta de esta mejor actuación. Basta con que esta plusvalía se realice, es decir, que el producto de la actuación se venda. Y se puede cerrar el sistema de la manera siguiente: una parte del producto de esta venta es absorbido por el fondo de investigación destinado a mejorar todavía más la actuación. Es en ese momento preciso en el que la ciencia se convierte en una fuerza de producción, es decir en un momento de la circulación del capital.

Es más el deseo de enriquecimiento que el de saber, el que impone en principio a las técnicas el imperativo de mejora de las actuaciones y de la realización de productos. La conjugación «orgánica» de la técnica con la ganancia precede a su unión con la ciencia. Las técnicas no adquieren importancia en el saber contemporáneo más que por medio del espíritu de performatividad generalizada. Incluso hoy, la subordinación del progreso del saber al de la investigación tecnológica no es inmediata[156].

---

[156] Mulkay desarrolla un modelo manejable de la independencia relativa de las técnicas y del saber científico: «The Model of Branching», *The Sociological Review,* XXXIII (1976), págs. 509-526. H. Brooks, presidente del Science and Public Committee de la National Academy of Sciences, co-autor del «Rapport Brooks» (O.C.D.E., junio del 1971), al hacer la crítica del modo en que hizo sus inversiones la R. & D. en el curso de los años 60, declaraba: «Uno de los efectos de la carrera hacia la Luna ha sido el aumento del coste de las innovaciones tecnológicas hasta que aquélla se hizo demasiado cara (...) La investigación es una actividad a largo plazo: un aceleración rápida y una deceleración implican gastos no confesados y numerosas incompetencias. La producción intelectual no puede

Pero el capitalismo viene a aportar su solución al problema científico del crédito de investigación: directamente, financiando los departamentos de investigación de las empresas, donde los imperativos de performatividad y de recomercialización orientan prioritariamente los estudios hacia las «aplicaciones»; indirectamente, por la creación de fundaciones de investigación privadas, estatales o mixtas, que conceden créditos sobre programas a departamentos universitarios, laboratorios de investigación o grupos independientes de investigadores sin esperar de sus trabajos un provecho inmediato, sino planteando el principio de que es preciso financiar investigaciones a fondo perdido durante cierto tiempo para aumentar las oportunidades de obtener una innovación decisiva y, por tanto, rentable[157]. Los Estados-naciones, sobre todo en el momento de su episodio keynesiano, siguen la misma regla: investigación aplicada, investigación fundamental. Colaboran con las empresas por medio de agencias de todo tipo[158]. Las normas de organización del trabajo que prevalecen en las empresas penetran en los laboratorios de estudios aplicados: jerarquía, decisión del trabajo, formación de equipos, estimulación de los rendimientos individuales y colectivos, elaboración de programas vendibles, búsqueda del cliente, etc.[159].

superar un determinado ritmo» («Les Etats-Unis ont-ils une politique de la science?», *La recherche*. 14 de julio de 1971, 611). En marzo de 1972, E. E. David Jr., consejero científico de la Casa Blanca que lanzó la idea de un Research Applied to National Needs (R.A.N.N.), concluía en el mismo sentido: estrategia amplia y manejable para investigación; táctica más limitadora para el desarrollo (*La recherche*, 21 de marzo de 1972, 211).

[157] Ésa fue una de las condiciones planteadas por Lazarsfeld para aceptar la creación de lo que será el Mass Communication Research Center de Princeton, en 1937. Lo que no dejó de provocar tensiones. Las industrias de radio se negaron a invertir en el proyecto. Se decía que Lazarsfeld lanzaba las cosas pero nunca las terminaba. Él mismo decía a Morrison: *«I usually put things together and hoped they worked.»* Citado por D. Morrison, «The Beginning of Modern Mass Communication Research», *Archives européennes de sociologie,* XIX, 2 (1978), págs. 347-359.

[158] En los Estados Unidos, el total de fondos dedicados por el Estado federal a la R. & D. iguala al de los capitales privados en el curso del año 1956; desde entonces lo supera (O.C.D.E., 1965).

[159] Nisbet, *op. cit.,* capítulo 5, hace una descripción amarga de la penetración del *higher capitalism* en la universidad en forma de centros de investigación independientes de los departamentos. Las relaciones sociales en los centros commueven la tradición académica. Ver también en *(Auto)critique de la science, loc. cit.,* los capítulos: «Le prolétariat scientifique», «Les cherheurs», «La crise des mandarins».

Los centros de investigación «pura» están menos contaminados, pero también se benefician de menos créditos. La administración de la prueba, que en principio no es más que una parte de una argumentación en sí misma destinada a obtener el asentimiento de los destinatarios del mensaje científico, pasa así bajo el control de otro juego de lenguaje, donde lo que se ventila no es la verdad, sino la performatividad, es decir la mejor relación *input/output*. El Estado y/o la empresa abandona el relato de legitimación idealista o humanista para justificar el nuevo objetivo: en la discusión de los socios capitalistas de hoy en día, el único objetivo creíble es el poder. No se compran *savants,* técnicos y aparatos para saber la verdad, sino para incrementar el poder.

La cuestión es saber en qué puede consistir el discurso del poder, y si puede constituir una legitimación. Lo que a primera vista parece impedirlo es la distinción hecha por la tradición entre la fuerza y el derecho, entre la fuerza y la sabiduría, es decir, entre lo que es fuerte, lo que es justo, y lo que es verdadero. Precisamente a esta inconmensurabilidad nos hemos referido anteriormente, en los términos de la teoría de los juegos de lenguaje, al distinguir el juego denotativo donde la pertinencia pertenece a lo verdadero/falso, el juego prescriptivo que procede de lo justo/injusto, y el juego técnico donde el criterio es eficiente/ineficiente. La «fuerza» no parece derivarse más que de este último juego, que es el de la técnica. Se exceptúa el caso en el que opera por medio del terror. Ese caso se encuentra fuera del juego de lenguaje, pues la eficiencia de la fuerza procede entonces por completo de la amenaza de eliminar al «compañero», y no de una mejor «jugada» que la suya. Cada vez que la eficiencia, es decir, la consecución del efecto buscado, tiene por resorte un «Di o haz eso, si no no hablarás», se entra en el terror, se destruye el vínculo social.

Pero es cierto que la performatividad, al aumentar la capacidad de administrar la prueba, aumenta la de tener razón: el criterio técnico introducido masivamente en el saber científico no deja de tener influencia sobre el criterio de verdad. Se ha podido decir otro tanto de la relación entre justicia y performatividad: las oportunidades de que un orden sea considerado como justo aumentarían con las que tiene, de ser ejecutado, y éstas con la performatividad del «prescriptor». Así es como Luhman cree constatar en las sociedades postindustriales el reemplazamiento de la normatividad de las leyes por la performatividad de procedimientos[160]. El «control del contexto», es decir, la mejora de las actuaciones realizadas contra los «compañeros» que constituyen ese último (sea éste la «naturaleza» o los hombres) podría valer como una especie de legitimación[161]. Se trataría de una legitimación por el hecho.

El horizonte de este procedimiento es éste: la «realidad» al ser lo que proporciona las pruebas para la argumentación científica y los resultados para las prescripciones y las promesas de orden jurídico, ético y político, se apodera de unos y otras al apoderarse de la «realidad», cosa que permiten las técnicas. Al reformar éstas, se «refuerza» la realidad y, por tanto, las oportunidades de que sea justa y tenga razón. Y, recíprocamente, se refuerzan tanto más las técnicas que se pueden disponer del saber científico y de la autoridad decisoria.

Así adquiere forma la legitimación por el poder. Éste no es solamente la buena performatividad, también es la buena verificación y el buen veredicto. Legitima la ciencia y el derecho por medio de su eficacia, y ésta por aquéllos. Se autolegitima como parece hacerlo un sistema regulado sobre la optimización de sus actuaciones[162]. Pues es precisamente ese control sobre el contexto el que debe proporcionar la informatización generalizada. La performatividad de un enunciado, sea éste denotativo o prescriptivo, se incrementa en proporción a las informaciones de las que se dispone al respecto de su referente. Así el incremento del poder, y su autolegitimación, pasa ahora por la producción, la memorización, la accesibilidad y la operacionabilidad de las informaciones.

La relación de la ciencia y de la técnica se invierte. La complejidad de argumentaciones parece entonces interesante sobre

---

160 N. Luhmann, *Legitimation durch Verfahren,* Luchterhand, 1969.

161 C. Müller, comentando a Luhman, escribe: «En las sociedades industriales desarrolladas, la legitimación legal-racional es reemplazada por una legitimación tecnocrática, que no concede ninguna importancia *(signifiance)* a las creencias de los ciudadanos ni a la moralidad en sí misma» *(The Politics of Communication, loc. cit.,* pág. 135). Ver una bibliografía alemana sobre la cuestión tecnocrática en Habermas, *Théorie et pratique,* II, *loc. cit.,* págs. 135-136.

162 Un análisis lingüístico del control de la verdad lo proporciona G. Fauconnier, «Comment contrôler la verité? Remarques illustrées par des assertions dangereuses et pernicieuses en tout genre», *Actes de la recherche en sciences sociales,* 25 (enero, 1979), págs. 1-22.

todo porque obliga a sofisticar los medios de probar, y porque la perfomatividad se beneficia de ello. La gestación de los fondos de investigación por parte de los Estados, las empresas y las sociedades mixtas obedece a esta lógica del incremento del poder. Los sectores de la investigación que no pueden defender su contribución, aunque sea indirecta, a la optimización de las actuaciones del sistema, son abandonados por el flujo de los créditos y destinados a la decrepitud. El criterio de performatividad es invocado explícitamente por los administradores para justificar la negativa a habilitar cualquier centro de investigaciones[163].

---

[163] Es por lo que se pidió, en 1970, al University Grants Committee británico que «desempeñara un papel más positivo en el dominio de la productividad, de la especialización, de la concentración de temas y control de los edificios limitando el coste de estos últimos» (*The Politics of Education: E. Boyle & A. Crossland parlent á M. Kogan,* Penguin Education Special, 1971). Eso puede parecer en contradicción con declaraciones como las de Brooks, anteriormente citadas (nota 156); pero: 1) la «estrategia» puede ser liberal y la «táctica» autoritaria, lo que, por otra parte, dice Edward; 2) la responsabilidad en el seno de las jerarquías de los poderes públicos se comprende con frecuencia en el sentido más estricto que es la capacidad de responder a la performatividad calculable de un proyecto; 3) los poderes públicos se comprenden con frecuencia en el sentido más estricto, que criterio de performatividad es inmediatamente atosigante. Si las oportunidades de innovación en la investigación escapan al cálculo, el interés público parece ser ayudar a toda investigación, bajo otras condiciones que la eficacia estimable.

12
La enseñanza y su legitimación por la performatividad

En cuanto a la otra vertiente del saber, la de su transmisión, es decir, la enseñanza, parece adecuado describir la manera en que el predominio del criterio de performatividad la afecta.

Admitida la idea de los conocimientos establecidos, la cuestión de su transmisión se subdivide pragmáticamente en una serie de preguntas: ¿quién transmite? ¿qué? ¿a quién? ¿con qué apoyo? ¿y de qué forma? ¿con qué efecto?[164]. Una política universitaria está constituida por un conjunto coherente de respuestas a esas preguntas.

Cuando el criterio de pertinencia es la performatividad del sistema social admitido, es decir, cuando se adopta la perspectiva de la teoría de sistemas, se hace de la enseñanza superior un sub-sistema del sistema social, y se aplica el mismo criterio de performatividad a la solución de cada uno de esos problemas.

El efecto que se pretende obtener es la contribución óptima de la enseñanza superior a la mejor performatividad del sistema social. Una enseñanza que deberá formar las competencias que le son indispensables a éste último. Son de dos tipos. Unas están destinadas de modo más concreto a afrontar la competición

---

[164] Fue durante los seminarios del Princeton Radio Research Center dirigidos por Lazarsfeld, en 1939-1940, cuando Laswell definió el proceso de comunicación por la fórmula: *Who says what to whom in what channel with what effect?* Ver D. Morrison, *art. cit.*

mundial. Varían según las «especialidades» respectivas que los Estados-naciones o las grandes instituciones de formación pueden vender en el mercado mundial. Si nuestra hipótesis general es verdadera, la demanda de expertos, cuadros superiores y cuadros medios de los sectores de punta indicados al comienzo de este estudio, que son el objetivo de los años venideros, se incrementará: todas las disciplinas referentes a la formación «telemática» (informáticas, cibernéticas, lingüísticas, matemáticas, lógicas...) deberían ver que se les reconoce una prioridad en cuestiones de enseñanza. Y tanto más, cuanto que la multiplicación de esos expertos debería acelerar el progreso de la investigación en los demás sectores del conocimiento, como se ha visto para la medicina y la biología.

Por otra parte, la enseñanza superior, siempre según la misma hipótesis general, deberá continuar proporcionando al sistema social las competencias correspondientes a sus propias exigencias, que son el mantenimiento de su cohesión interna. Anteriormente, esta tarea implicaba la formación y la difusión de un modelo general de vida, que bastante a menudo legitimaba el relato de la emancipación. En el contexto de la deslegitimación, las universidades y las instituciones de enseñanza superior son de ahora en adelante solicitadas para que fuercen sus competencias, y no sus ideas: tantos médicos, tantos profesores de tal o cual disciplina, tantos ingenieros, tantos administradores, etc. La transmisión de los saberes ya no aparece como destinada a formar una élite capaz de guiar a la nación en su emancipación, proporciona al sistema los «jugadores» capaces de asegurar convenientemente su papel en los puestos pragmáticos de los que las instituciones tienen necesidad[165].

Si los fines de la enseñanza superior son funcionales, ¿quiénes son los destinatarios? El estudiante ha cambiado y deberá cambiar más aún. Ya no es un joven salido de las «élites libera-

---

[165] Es lo que Parsons define como «activismo instrumental» haciendo su elogio hasta el punto de confundirlo con el «conocimiento racional»: «La orientación hacia el conocimiento racional está implícita en la cultura común del activismo instrumental, pero sólo se hace más o menos explícita y es más apreciada entre las categorías sociales más instruidas que la utilizan más evidentemente en sus actividades profesionales» (T. Parsons & G. M. Platt, «Considerations on the American Academic Systems», *Minerva*, VI (verano de 1968), pág. 507; citado por A. Touraine, *Université et société..., loc. cit.,* pág. 146).

les»[166] y más o menos afectado por la gran tarea del progreso social entendida como emancipación. En ese sentido, la universidad «democrática», sin selección a la entrada, poco costosa para el estudiante y para la sociedad si se considera el coste-estudiante *per capita,* sino acogiendo gran número de solicitudes[167], cuyo modelo era el del humanismo emancipacionista, aparece hoy como poco performativa[168]. La enseñanza superior está ya afectada por una refundición de importancia, a la vez dirigida por medidas administrativas y por una demanda en sí misma poco controlada que emana de los nuevos usuarios, y que tiende a dividir sus funciones en dos grandes tipos de servicios.

Por su función de profesionalización, la enseñanza superior se dirige todavía a jóvenes salidos de las élites liberales a las que se transmite la competencia que la profesión considera necesaria; vienen a añadirse, por un camino u otro (por ejemplo, los institutos tecnológicos), pero según el mismo modelo didáctico, destinatarios de nuevos saberes ligados a las nuevas técnicas y tecnologías que son también jóvenes aún no «activos».

Aparte de estas dos categorías de estudiantes que reproducen la «*intelligentsia* profesional» y la «*intelligentsia* técnica»[169], los demás jóvenes presentes en la Universidad son, en su mayor parte, parados no contabilizados en las estadísticas de demanda de empleo. Son, en efecto, excedentes con respecto a las salidas

---

[166] Lo que Müller llama *professional intelligentsia* oponiéndola a la *technical intelligentsia.* Siguiendo a J. K. Galbraith, describe las inquietudes y la resistencia de la primera frente a la legitimación tecnocrática *(op. cit.,* págs. 172-177).

[167] A comienzos de los años 1970-1971, en la clase de los de diecinueve años de edad, la proporción de matriculados en la enseñanza superior era del 30 al 40 por 100 en Canadá, Estados Unidos, Unión Soviética y Yusgoslavia; alrededor del 20 por 100 en Alemania, Francia, Gran Bretaña, Japón y los Países Bajos. En todos esos países había doblado o triplicado su número con relación a las tasas de 1959. Según la misma fuente (M. Devèze, *Histoire contemporáine de l'université,* París, SEDES, 1976, págs. 439-440), la relación estudiantil/población total había pasado entre 1950 y 1970 de hacia el 4 por 100, a un 10 por 100 en Europa Occidental; y del 6,1, al 21,3 en Canadá, y del 15,1, al 32,5 en Estados Unidos.

[168] En Francia, de 1968 a 1975, el presupuesto total de la enseñanza superior (sin el C.N.R.S.) ha pasado (en millares de francos) de 3.075 a 5.454, o sea, alrededorde un 0,55 por 100 a un 0,39 por 100 del P.N.B. Los aumentos observados en cifras absolutas interesan a las partidas: Remuneraciones, Funcionamiento, Becas; la partida Subvenciones para investigación ha permanecido sensiblemente estancada (Devèze, *op. cit.,* págs. 447-450). En los años 70, E. E. David declaraba que no se necesitaban más doctores en filosofía que en el decenio precedente (*art.cit.,* pág. 212).

[169] Según la terminología de C. Müller, *op. cit.*

correspondientes a las disciplinas en las que se los encuentra (letras y ciencias humanas). Pertenecen en realidad, a pesar de su edad, a la nueva categoría de destinatarios de la transmisión del saber.

Pues, al lado de esta función profesionalista, la Universidad comienza o debería comenzar a desempeñar un nuevo papel en el marco de la mejora de las actuaciones del sistema: el del reciclaje o la educación permanente[170]. Fuera de universidades, departamentos o instituciones con vocación profesional, el saber no es y no será transmitido en bloque y de una vez por todas, a jóvenes antes de su entrada en la vida activa; es y será transmitido «a la carta» a adultos ya activos o a la espera de serlo, en vistas a la mejora de su competencia y de su promoción, pero también en vista a la adquisición de informaciones, lenguajes y juegos de lenguaje que les permitan ampliar el horizonte de su vida profesional y articular su experiencia técnica y ética[171].

El nuevo curso tomado por la transmisión del saber no deja de resultar conflictivo. Pues lo mismo que interesa al sistema, y, por tanto, a sus «decididores», alentar la promoción profesional, puesto que puede mejorar las actuaciones del conjunto, también la experimentación con los discursos, las instituciones y los valores, acompañada de inevitables «desórdenes» en el curriculum, el control de conocimientos y de la pedagogía, sin hablar de recaídas socio-políticas, aparece como poco operacional y ve

---

[170] Es lo que M. Rioux y J. Dofny incluyen bajo la rúbrica «Formación cultural»: J. Dofny y M. Rioux, «Inventaire et bilan de quelques expériences d'intervention de l'université», en *L'université dans son milieu: action et responsabilité* (Coloquio de la A.U.P.E.L.F.), Universidad de Montreal, 1971, págs. 155-162. Los autores hacen la crítica de lo que llaman los dos tipos de universidad de América del Norte: los *liberal art colleges,* donde enseñanza e investigación están enteramente disociadas de la demanda social; y la *multiuniversity,* dispuesta a dispensar todas las enseñanzas de las que la comunidad acepte asumir los costos. Sobre esta última fórmula, ver C. Kerr, *The Uses of the University. With a Postcript* (1972), Cambridge (Ma), Harvard U. P., 1972. En un sentido análogo, pero sin el intervencionismos de la universidad en la sociedad que preconizan Dofny y Rioux, ver la descripción de la universidad futura dada por M. Alliot durante el mismo coloquio, «Estructures optimales de l'institution universitaire», *ibíd.,* páginas 141-154. M. Alliot concluye: «Creemos en las estructuras, mientras que en el fondo debiera de haber las menos estructuras posibles.» Tal es la vocación del Centro experimental, después Universidad de París, VIII (Vincennes), declarada cuando su fundación en 1968. Ver al respecto el informe *Vincennes ou le désir d'apprendre,* Alain Moreau, 1979.

[171] El autor se convierte aquí en testigo de la experiencia de gran número de departamentos de Vincennes.

que se le niega el menor crédito, en nombre de la seriedad del sistema. Sin embargo, lo que se adivina ahí es una vía de salida aparte del funcionalismo y tanto menos despreciable cuanto que es el funcionalismo quien la ha trazado[172]. Pero se puede imaginar que la responsabilidad sea confiada a redes extra-universitarias[173].

De cualquier modo, el principio de performatividad, incluso si no permite decidir claramente en todos los casos la política a seguir, tiene por consecuencia global la subordinación de las instituciones de enseñanza superior a los poderes. A partir del momento en que el saber ya no tiene su fin en sí mismo, como realización de la idea o como emancipación de los hombres, su transmisión escapa a la responsabilidad exclusiva de los ilustrados y de los estudiantes. La idea de «franquicia universitaria» es hoy de otra época. Las «autonomías» reconocidas a las universidades después de la crisis de finales de los años 60 tienen poco peso en comparación con el hecho masivo de que los consejos de enseñantes carecen de casi cualquier poder para decidir qué volumen de inversiones revierte a su institución[174]; no disponen más que del poder de distribuir el volumen que se les atribuye, y hasta eso sólo de modo limitado[175].

---

[172] La ley de orientación de la enseñanza superior del 12 de noviembre de 1968 cuenta la formación permanente (entendida de manera profesionalista) entre las misiones de la enseñanza superior: ésta «debe estar abierta a los antiguos estudiantes así como a personas que no han tenido la posibilidad de proseguir sus estudios a fin de permitirles, según sus capacidades, mejorar sus oportunidades de promoción o de convertir su actividad profesional».

[173] En una entrevista concedida a *Télé-sept-jours*, 981 (17 de marzo de 1979), el ministro francés de Educación, que había recomendado oficialmente la serie *Holocausto*, difundida por la segunda cadena, a los alumnos de la enseñanza pública (iniciativa sin precedentes), declara que el intento del sector educativo de crear un útil audio-visual autónomo ha fracasado y que «la primera de la tareas educativas es enseñar a los niños a elegir sus programas» de televisión.

[174] En Gran Bretaña, donde la participación del Estado en las inversiones de capital y en el funcionamiento de las universidades ha pasado del 30 al 80 por 100 entre 1920 y 1960, es la University Grants Committee, agregado al ministerio para la ciencia y las universidades, el cual, después de examinar las necesidades y los planes de desarrollo presentados por las universidades, distribuye entre ellas las subvenciones anuales. En Estados Unidos, los Trustees son todopoderosos.

[175] Es decir, en Francia, entre los departamentos para los gastos de funcionamiento y equipamiento. Las remuneraciones no son su resorte, salvo para el personal contratado. El financiamiento de proyectos, trámites nuevos, etc., se hace sobre la envoltura pedagógica que revierte a la Universidad.

Entonces, ¿qué es lo que se transmite en la enseñanza superior? Tratándose de profesionalización, y ateniéndose a un punto de vista estrictamente funcionalista, lo esencial de lo que se debe transmitir está constituido por un conjunto organizado de conocimientos. La aplicación de nuevas técnicas a ese conjunto puede tener una incidencia considerable en el soporte comunicacional. No parece indispensable que éste sea un curso dado de viva voz por un profesor ante estudiantes mudos, mientras el momento de las preguntas tiene lugar en sesiones de «trabajo» dirigidas por un ayudante. Pues lo mismo que los conocimientos son traducibles a un lenguaje informático, y lo mismo que la enseñanza tradicional es asimilable a una memoria, la didáctica puede ser confiada a máquinas relacionadas con las memorias clásicas (bibliotecas, etc.), así como a bancos de datos de terminales inteligentes puestos a disposición de los estudiantes.

La pedagogía no se vería necesariamente afectada, pues siempre habría algo que enseñar a los estudiantes: no los contenidos, sino el uso de terminales, es decir, de nuevos lenguajes por una parte, y por otra, un manejo más sutil de ese juego de lenguaje que es la interrogación: ¿adónde dirigir la pregunta? Es decir, ¿cómo formularla para evitar los errores?, etc.[176]. Desde esta perspectiva, una formulación elemental informática y, en concreto, telemática debiera formar parte obligatoriamente de una propedéutica superior, al mismo título que la adquisición de la práctica de un idioma extranjero, por ejemplo[177].

Sólo desde la perspectiva de grandes relatos de legitimación, vida del espíritu y/o emancipación de legitimación de la humanidad, el reemplazamiento parcial de enseñantes por máquinas puede parecer deficiente, incluso intolerable. Pero es probable que esos relatos ya no constituyan el resorte principal del interés por el saber. Si ese resorte es el poder, este aspecto de la didáctica clásica deja de ser pertinente. La pregunta, explícita o no, planteada por el estudiante profesionalista, por el Estado o por la institución de enseñanza superior, ya no es: ¿es eso verdad?, sino ¿para qué sirve? En el contexto de la mercantilización del

---

[176] M. McLuhan, *D'oeil à oreille,* París, Denoël-Gonthier, 1977; P. Antoine, «Comment s'informer?», *Projet,* 124 (abril de 1978), págs. 395-413.

[177] Se sabe que el uso de terminales inteligentes se enseña a los escolares japoneses. En Canadá, centros universitarios y estudiantes aislados hacen corrientemente uso de ellos.

saber, esta última pregunta, las más de las veces, significa: ¿se puede vender? Y, en el contexto de argumentación del poder: ¿es eficaz? Pues la disposición de una competencia performativa parecía que debiera ser el resultado vendible en las condiciones anteriormente descritas, y es eficaz por definición. Lo que deja de serlo es la competencia según otros criterios, como verdadero/falso, justo/injusto, etc., y, evidentemente, la débil performatividad en general.

La perspectiva de un vasto mercado de competencias operacionales está abierta. Los detentadores de este tipo de saber son y serán objeto de ofertas, y hasta de políticas de seducción[178]. Desde ese punto de vista, lo que se anuncia no es el fin del saber, al contrario. La Enciclopedia de mañana son los bancos de datos. Éstos exceden la capacidad de cada utilizador. Constituyen la «naturaleza» para el hombre postmoderno[179].

Se notará, sin embargo, que la didáctica no consiste sólo en la transmisión de información, y que la competencia, incluso performativa, no se resume en la posesión de una buena memoria de datos o de una buena capacidad de acceso a memorias-máquinas. Es una banalidad subrayar la importancia de la capacidad de actualizar los datos pertinentes para el problema que hay que resolver «aquí y ahora» y de ordenarlos en una estrategia eficiente.

En tanto el juego sea de información incompleta, la ventaja pertenece al que sabe y puede obtener un suplemento de información. Tal es el caso, por definición, de un estudiante en situación de aprender. Pero, en los juegos de información completa[180], la mejor performatividad no puede consistir, por hipótesis, en la adquisición de tal suplemento. Resulta de una nueva disposición de datos, que constituyen propiamente una «jugada». Esa nueva disposición se obtiene muy a menudo conectando series de datos considerados hasta entonces como independien-

[178] Ésa fue la política seguida por los centros de investigación norteamericanos desde antes de la Segunda Guerra Mundial.

[179] Nora y Minc escriben (*op. cit.* pág. 16): «El desafío principal, en los decenios venideros, ya no está, para los polos avanzados de la humanidad, en la capacidad para dominar la materia. Ésta es adquirida. Reside en la dificultad de construir la red de vínculos que hagan progresar conjuntamente la información y la organización.»

[180] A. Rapoport, *Fights, Games and Debates,* Ann Arbor, Un. of Michigan Press, 1960.

tes[181]. Se puede llamar imaginación a esta capacidad de articular en un conjunto lo que no lo era. La velocidad es una de sus propiedades[182].

Pues está permitido representar el mundo del saber postmoderno como regido por un juego de información completa, y en ese sentido los datos son, en principio, accesibles a todos los expertos: no hay secretos científicos. El incremento de performatividad, a igual competencia, en la producción del saber, y no en su adquisición, depende, pues, finalmente de esta «imaginación» que permite, bien realizar una nueva jugada, bien cambiar las reglas del juego.

Si la enseñanza debe asegurar no sólo la reproducción de competencias, sino su progreso, sería preciso, en consecuencia, que la transmisión del saber no se limitara a la de informaciones, sino que implicara el aprendizaje de todos los procedimientos capaces de mejorar la capacidad de conectar campos que la organización tradicional de los saberes aísla con celo. El santo y seña de la interdisciplinaridad, difundido después de la crisis del 68, pero pregonada bastante antes, parece ir en esa dirección. Ha escapado a los feudalismos universitarios, se dice. Ha escapado a mucho más.

En el modelo humboldiano de la Universidad, cada ciencia ocupa su lugar en un sistema coronado por la especulación. Una usurpación por parte de una ciencia del campo de otra sólo puede provocar confusiones, «ruidos», en el sistema. Las colaboraciones no pueden tener lugar más que en un plano especulativo, en la cabeza de los filósofos.

Por el contrario, la idea de interdisciplinaridad pertenece en propiedad a la época de la desligitimación y a su urgente empirismo. La relación con el saber no es la de realización de la vida del espíritu o la de emancipación de la humanidad; es la de los utilizadores de unos útiles conceptuales y materiales complejos y la de los beneficiarios de esas actuaciones. No disponen de un metalenguaje ni de un metarrelato para formular la finalidad y

---

[181] Es el Branching Model de Mulkay (ver la nota 156). G. Deleuze ha analizado el acontecimiento en términos de entrecruzamientos de series en *Logique du Sens,* París, Minuit, 1968 (hay trad. esp., *Lógica del sentido,* Barcelona, Barral, 1971), y en *Différence et répétition,* París, P.U.F., 1968.

[182] El tiempo es una variable que interviene en la determinación de la unidad de fuerza en dinámica. Ver también P. Virilio, *Vitesse et politique,* París, Galilée, 1976.

el uso adecuado. Pero cuentan con el *brain storming* para reforzar las actuaciones.

La valoración del trabajo en equipo pertenece a esta imposición del criterio performativo en el saber. Pues, en lo que se refiere a decir lo verdadero o a prescribir lo justo, el número no tiene nada que ver; no sirve de nada a no ser que justicia y verdad sean pensadas en términos de resultado más probable. En efecto, las actuaciones en general son mejoradas por el trabajo en equipo, bajo unas condiciones que las ciencias sociales han precisado hace tiempo[183]. A decir verdad, éstas han fundamentado especialmente su prestigio gracias a la performatividad en el marco de un modelo dado, es decir, a la realización de una tarea; la mejora parece menos segura cuando se trata de «imaginar» nuevos modelos, es decir, de la concepción. Hay, parece, ejemplos[184]. Pero resulta difícil separar lo que corresponde al dispositivo en equipo y lo que se debe al genio de los que forman el equipo.

Se observará que esta orientación se refiere más a la producción del saber (investigación) que a su transmisión. Es abstracto, y probablemente nefasto, separarlas por completo, incluso en el marco del funcionalismo y del profesionalismo. Sin embargo, la solución hacia la que se orientan de hecho las instituciones del saber en todo el mundo consiste en disociar esos dos aspectos de la didáctica, el de la reproducción «simple» y el de la reproducción «ampliada», al distinguir entidades de todo tipo, sean éstas instituciones, niveles o ciclos en las instituciones, reagrupamientos de instituciones, reagrupamientos de disciplinas, de las que unas están destinadas a la selección y a la reproducción de competencias profesionales, y otras a la promoción y «puesta en marcha» de espíritus «imaginativos». Los canales de transmisión puestos a disposición de las primeras podrían ser simplificados y masificados; las segundas tienen derecho a pequeños grupos que

---

[183] J. L. Moreno, *Who shall Survive?* (1934), 2.ª ed., Nueva York, Beacon, 1953; la trad. esp., *Fundamentos de la sociometría,* Paidós, Buenos Aires, 1972 (incluye ese trabajo).

[184] *The Mass Communication Research Center* (Princeton), *The Mental Research Institute* (Palo Alto), *The Massachussetts Institute of Technology* (Boston), *Institut für Sozialforschung* (Frankfurt), entre los más conocidos. Una parte de la argumentación de C. Kerr en favor de lo que él llama *Ideopolis* reposa sobre el principio de ganancia en inventiva obtenido por las investigaciones colectivas (*op. cit.,* págs. 91 y ss.).

funcionan según un igualitarismo aristocrático[185]. Que estos últimos formen parte o no oficialmente de universidades, importa poco.

Pero lo que parece seguro, es que en los dos casos, la deslegitimación y el dominio de la performatividad son el toque de agonía de la era del Profesor: éste no es más competente que las redes de memorias para transmitir el saber establecido, y no es más competente que los equipos interdisciplinarios para imaginar nuevas jugadas o nuevos juegos.

---

[185] D. J. de Solla Price *(Little Science, Big Science, loc. cit.)* intenta constituir la ciencia de la ciencia. Establece leyes (estadísticas) de la ciencia tomada como objeto social. Hemos señalado la ley de separación no democrática en la nota 131. Otra ley, la de los «colleges invisibles», describe el efecto que resulta de la multiplicación de publicaciones y la saturación de los canales de información en las instituciones científicas: los «aristócratas» del saber tienden por reacción a establecer redes estables de contactos interpersonales que agrupan un máximo de un centenar de miembros. D. Crane ha dado de esos «colleges» una interpretación sociométrica en *Invisibles Colleges,* Chicago y Londres, The Un. of Chicago Press, 1972. Ver Lécuyer, *art. cit.*

13
La ciencia postmoderna como investigación de inestabilidades

Se ha indicado anteriormente que la pragmática de la investigación científica, especialmente en su aspecto de búsqueda de nuevas argumentaciones, traía a primer plano la invención de «jugadas» nuevas e incluso de nuevas reglas de juegos de lenguaje. Ahora importa subrayar este aspecto, que es decisivo en el actual estado del saber científico. De este último se podría decir paradógicamente que está a la búsqueda de «vías de salida de la crisis», siendo la crisis la del determinismo. El determinismo es la hipótesis sobre la que reposa la legitimación por medio de la performatividad: definiéndose ésta por una relación *input/output,* es preciso suponer que el sistema en el cual se hace entrar el *input* está en estado estable: obedece a una «trayectoria» regular de la que se puede establecer la función continua y derivable que permitirá anticipar adecuadamente el *output.*

Tal es la «filosofía» positivista de la eficiencia. Al oponerle aquí algunos ejemplos relevantes, se trata de facilitar la discusión final de la legitimación. Se trata, en suma, de mostrar con algunos elementos que la pragmática del saber científico postmoderno tiene, en sí misma, poca afinidad con la búsqueda de la performatividad.

La expansión de la ciencia no se hace por medio del positivismo de la eficiencia. Es lo contrario: trabajar con la prueba es buscar e «inventar» el contra-ejemplo, es decir, lo ininteligible; trabajar con la argumentación, es buscar la «paradoja» y legitimarla con nuevas reglas del juego de razonamiento. En los dos casos, la eficiencia no se busca por sí misma, viene dada por añadidura, a veces tarde, cuando los socios capitalistas se interesan al fin por el caso[186]. Pero lo que no puede plantearse con una nueva observación es la cuestión de la legitimidad. Pues es la propia ciencia la que se plantea esta cuestión y no la filosofía la que se la plantea.

Lo que ya no tiene vigencia no es preguntarse lo que es verdadero y lo que es falso, es representarse la ciencia como positivista, y condenada a este conocimiento sin legitimar, a este semi-saber que le atribuían los idealistas alemanes. La pregunta: *¿De qué sirve tu argumento, de qué sirve tu prueba?* forma de tal modo parte de la pragmática del saber científico que asegura la metamorfosis del destinatario del argumento y de la prueba en cuestión, en destinador de un nuevo argumento y de una nueva prueba y, por tanto, la renovación a la vez de los discursos y de las generaciones científicas. La ciencia se desarrolla, y nadie contesta que se desarrolla desarrollando esta pregunta. Y esta pregunta en sí misma, al desarrollarse, conduce a la pregunta, es decir, a la metapregunta o pregunta de la legitimación: *¿De qué sirve tu «de qué sirve»?*[187].

Ya se ha dicho, el rasgo más llamativo del saber científico postmoderno es la inmanencia en sí misma, pero explícita, del discurso acerca de las reglas que le dan validez[188]. Lo que ha podido pasar a fines del siglo XIX por pérdida de legitimidad y caída en el «pragmatismo» filosófico o en el positivismo lógico, no ha sido más que un episodio, del cual el saber surge por la inclusión en el discurso científico del discurso acerca de la validez de

---

[186] B. Mandelbrot *(Les objects franctals. Forme, hasard et dimensión,* París, Flammarion, 1975) proporciona en su Apéndice (172-183) un «resumen bibliográfico» de investigadores en matemáticas y en física reconocidos tardíamente o que permanecieron desconocidos a causa de lo extraño de sus intereses a pesar de la fecundad de sus descubrimientos.

[187] Un ejemplo célebre lo proporciona la discusión acerca del determinismo suscitada por la mecánica cuántica. Ver, por ejemplo, la presentación a la correspondencia entre N. Born y A. Einstein (1916-1955) realizada por J. M. Lévy-Leblond, «Le grand débat de la mécanique quantique», *La recherche,* 20 (febrero de 1972), págs. 133-144. La historia de las ciencias humanas desde hace un siglo está llena de ese tipo de pasos del discurso antropológico al nivel del metalenguaje.

[188] I. Hassan da una «imagen» de lo que él llama *inmanencia* en «Culture, Indeterminacy and Immanence», *loc. cit.*

enunciados con valor de leyes. Esta inclusión no es una operación sencilla, ya se ha visto, da lugar a «paradojas» asumidas como eminentemente serias, y a «limitaciones» del alcance del saber que, de hecho, son modificaciones de su naturaleza.

La investigación matemática que desemboca en el teorema de Gödel es un auténtico paradigma de ese cambio de naturaleza[189]. Pero la transformación de la dinámica no es menos ejemplar del nuevo espíritu científico y nos interesa particularmente porque obliga a corregir una noción que hemos visto está masivamente introducida en la discusión de la actuación, particularmente en materia de teoría social: la noción de sistema.

La idea de actuación implica la de sistema de fuerte estabilidad porque reposa sobre el principio de una relación, la relación siempre calculable en principio entre calor y trabajo, entre fuente caliente y fuente fría, entre *input* y *output*. Es una idea que procede de la termodinámica. Está asociada a la representación de una evolución previsible de las actuaciones del sistema, a condición de que se conozcan todas sus variables. Esta condición es expresada con claridad a título de límite por la ficción del «demonio» de Laplace[190]: en posesión de todas las variables que determinan el estado del universo en un instante t, puede prever su estado en el instante $t' > t$. Esto es sostenido por el principio de que los sistemas físicos, incluido el sistema de sistemas que es el universo, obedecen a regularidad, y, por consiguiente, su evolución traza una trayectoria previsible y da lugar a funciones continuas «normales» (y a la futurología...).

Con la mecánica cuántica y la física atómica, la extensión de ese principio debe ser limitada. Y eso de dos maneras, cuyas implicaciones respectivas no tienen el mismo alcance. Primero, la definición del estado inicial de un sistema, es decir, de todas las variables independientes, para ser afectiva exigiría un consumo de energía al menos equivalente a la que consume el sistema que hay que definir. Una versión profana de esta imposibilidad de realizar la medición completa de un estado del sistema la da Borges: un emperador quiere hacer un plano perfectamente pre-

[189] Ver nota 142.
[190] P. S. Laplace, *Exposition du système du monde,* I y II, 1976,

ciso del imperio. El resultado es la ruina del país: toda la población dedica toda su energía a la cartografía[191].

Con el argumento de Brillouin[192], la idea (o la ideología) del control perfecto de un sistema, que debe permitir mejorar sus actuaciones, aparece como inconsistente con relación a la contradicción: disminuye la performatividad que pretende aumentar. Esta inconsistencia explica en particular la debilidad de las burocracias estatales y socio-económicas: ahogan a los sistemas o a los sub-sistemas que controlan, y se asfixian al mismo tiempo que ellos (*feedback* negativo). El interés de tal explicación es que no tiene necesidad de recurrir a otra legitimación que la del sistema; por ejemplo, a la de la libertad de los agentes humanos que los levante frente a una autoridad excesiva. Admitiendo que la sociedad sea un sistema, su control, que implica la definición precisa de su estado inicial, no puede ser efectivo, porque esta definición no puede ser realizada.

Pero esta limitación todavía no pone en cuestión más que la efectividad del saber preciso y del poder que de él resulta. Su posibilidad de principio sigue intacta. El determinismo clásico continúa constituyendo el límite, excesivamente caro, pero concebible, del conocimiento de los sistemas[193].

La teoría cuántica y la microfísica obligan a una revisión mucho más radical de la idea de trayectoria continua y previsible. La búsqueda de la precisión no escapa a un límite debido a su coste, sino a la naturaleza de la materia. No es verdadero que la incertidumbre, es decir, la ausencia de control humano, disminuya a medida que aumenta la precisión: también aumenta. Jean Perrin propone el ejemplo de la medida de la densidad verdadera (cociente masa/volumen) del aire contenido en una esfera. Varía notablemente cuando el volumen de la esfera pasa de 1.000 m³ a 1 cm³; varía muy poco de 1 cm³ a 1/1.000 de mm³, pero ya se puede observar en este intervalo la aparición de va-

---

[191] Del rigor de la ciencia, *Historia universal de la infamia,* Madrid, Alianza, 1971 (entre otras ediciones). La nota en cuestión es atribuida por Borges a Suárez Miranda, *Viajes de varones prudentes,* IV, Lérida, 1658, pág. 14. El resumen que se hace aquí es en parte infiel.

[192] La información cuesta energía, la negantropía que constituye suscita la entropía. M. Serres hace referencia frecuente a este argumento, por ejemplo en *Hermès III. La traduction,* París, Minuit, 1974, pág. 92.

[193] Seguimos aquí a I. Prigogine y I. Stengers, «La dynamique, de Leibniz à Lucrèce», *Critique,* 380, (núm. especial Serres) (enero de 1979), pág. 49.

riaciones de densidad del orden de la mil millonésima, que se producen irregularmente. A medida que el volumen de la esfera se contrae, la importancia de esas variaciones aumenta: para un volumen del orden de 1/10 de micra cúbica, las variaciones llegan a la milésima; para 1/100 de micra cúbica, son del orden de un quinto.

Disminuyendo aún más el volumen, se llega al orden del radio molecular. Si la esférula se encuentra en el vacío entre dos moléculas de aire, la densidad verdadera del aire es *nula*. Sin embargo, aproximadamente una vez de cada mil, el centro de la esférula «caerá» en el interior de una molécula y la densidad media en ese punto es entonces comparable a lo que se llama la densidad verdadera del gas. Si se baja hasta dimensiones intra-atómicas, la esférula tiene todas las oportunidades de encontrarse en el vacío, de nuevo con una densidad nula. Un vez de cada un millón de casos, sin embargo, su centro puede encontrarse situado en un corpúsculo o en el núcleo del átomo, y entonces la densidad será muchos millones de veces superior a la del agua. «Si la esférula se contrae más (...), probablemente la densidad media volverá a ser nula en seguida, así como la verdadera densidad, salvo para ciertas posiciones muy raras donde alcanzará valores desmesuradamente más elevados que los precedentes»[194].

El conocimiento referente a la densidad del aire se resuelve, pues, en una multiplicidad de enunciados que son incomparables absolutamente, y no se vuelven compatibles más que si son relativizados con respecto a la escala elegida por el enunciador. Por otra parte, a determinadas escalas, el enunciado de esta medida no se resume en una afirmación simple, sino en una afirmación modalizada del tipo: es plausible que la densidad sea igual a cero, pero sin excluir que sea del orden de 10^n, siendo n muy elevado.

Aquí, la relación del enunciado del estudioso con «lo que dice» la «naturaleza» parece proceder de un juego de información no completa. La modalización del enunciado del primero expresa el hecho de que el enunciado efectivo, singular (el *token*) que exterioriza la segunda no es previsible. Lo que es calculable es la oportunidad de que ese enunciado diga esto más

[194] J. Perrin, *Les atomes* (1913), París, P.U.F., 1970, págs. 14-22. El texto es citado por Mendelbrot en la Introducción a *Objets fractals, loc. cit.*

que aquello. En un plano microfísico, una «mejor» información, es decir, más performante, no se puede obtener. La cuestión no es saber lo que es el adversario (la «naturaleza»); es saber a qué juego juega. Einstein se rebelaba ante la idea de que «Dios juega a los dados»[195]. Es, sin embargo, un juego que permite establecer regularidades estadísticas «suficientes» (tanto peor para la imagen que se tenía del supremo Determinante). Si jugaba al bridge, los «azares primarios» que encuentra la ciencia deberían ser imputados, ya no a la indiferencia del lado con respecto a sus caras, sino a la astucia, es decir, a una elección en sí misma dejada al azar entre múltiples estrategias puras posibles[196].

En general, se admite que la naturaleza es un adversario indiferente, pero no astuto, y se distingue a las ciencias de la naturaleza de las ciencias del hombre basándose en esa diferencia[197]. Eso significa en términos pragmáticos que la «naturaleza» en el primer caso es el referente, mudo, pero tan constante como un dado lanzado un gran número de veces, con respecto al cual los científicos intercambian enunciados denotativos que son las jugadas que se hacen unos a los otros; mientras que en el segundo caso, al ser el hombre el referente, es también un «compañero» que, al hablar, desarrolla una estrategia, incluida la mixta, frente a la del estudioso: el azar al que éste escapa entonces no es de objeto o de indiferencia, sino de comportamiento o de estrategia[198], es decir, agonístico.

---

[195] Citado por W. Heisenberg, *Physis and beyond,* Nueva York, 1971; trad. esp., Madrid, Ed. Católica, 1974.

[196] En una comunicación a la Academia de ciencias (diciembre de 1921), Borel sugería que «en los juegos donde no existe la mejor manera de jugar» (juegos de información incompleta), «no se puede preguntar si no es posible, a falta de un código elegido de una vez por todas, jugar de una manera ventajosa variando el juego». Es a partir de esta distinción, como demuestra von Neumann, cómo esta probabilización de la decisión es en sí misma en determinadas condiciones «la mejor manera de jugar». Ver G. T. Guilbaud, *Eléments de la théorie mathématique des jeux,* París, Dunod, 1968, págs. 17-21. Y J. P. Séris, *La Théorie des jeux,* París, P. U. F., 1974 (colección de textos). Los artistas «postmodernos» hacen corrientemente uso de esos conceptos; ver, por ejemplo, J. Cage, *Silence,* y *A Year from Monday,* Middletwon (Conn.), Wesleyan U. P., 1961 y 1967; del segundo hay trad. esp. en Ediciones Era, México, 1974, titulada: *Del lunes en un año.*

[197] I. Epstein, «Jogos», *Ciência e Filosofia,* Revista Interdisciplin
, Universidade de São Paulo, 1 (1979).

[198] «La probabilidad reaparece aquí, no ya como principio constitutivo de una estructura de objeto, sino como principio regulador de una estructura de comportamiento» (G. G. Granger, 1960, pág. 142). La idea de que los dioses juegan, digamos, al bridge sería más bien una hipótesis griega preplatónica.

Se dirá que esos problemas conciernen a la microfísica, y que permiten el establecimiento de funciones continuas suficientemente cercanas como para permitir una buena previsión probabilista de la evolución de los sistemas. Así los teóricos del sistema, que también son los de la legitimación por la actuación, creen recuperar sus derechos. Sin embargo, se ve dibujarse en la matemática contemporánea una corriente que pone en cuestión la medida precisa y la previsión de comportamientos de objetos a escala humana.

Mandelbrot sitúa sus investigaciones bajo la autoridad del texto de Perrin que hemos comentado. Pero extiende el alcance en una dirección inesperada. «Las funciones derivadas» —escribe—, «son las más simples, las más fáciles de tratar y, sin embargo, son la excepción; o si se prefiere un lenguaje geométrico, las curvas que no tienen tangente son la regla, y las curvas muy regulares, como el círculo, son casos interesantes, pero muy particuales»[199].

La constatación no tiene el simple interés de una curiosidad abstracta, vale para la mayor parte de los datos experimentales: los contornos de una pompa de jabón salado presentan tales infrangibilidades que al ojo le es imposible fijar una tangente en ningún punto de su superficie. El modelo lo proporciona aquí el movimiento browniano, del que se sabe que una propiedad suya es que el vector de desplazamiento de la partícula a partir de un punto es isótropo, es decir, que todas las direcciones posibles son igualmente probables.

Pero se vuelve a encontrar el mismo problema en la escala habitual si, por ejemplo, se quiere medir con precisión la costa de Bretaña, la superficie de la Luna cubierta de cráteres, la distribución de la materia estelar, la de las «ráfagas» de ruidos en una comunicación telefónica, las turbulencias en general, la forma de las nubes, en resumen, la mayor parte de los contornos y distribuciones de cosas que no han sufrido la regularización debida a la mano del hombre.

Mandelbrot muestra que la figura presentada por este tipo de datos los emparenta con curvas correspondientes a funciones continuas no derivables. Un modelo simplificado de éstas es la curva de von Koch[200]; posee una homotecia interna; se puede

---

[199] *Op. cit.,* pág. 4.
[200] Curva continua no rectificable de homotecia interna. Es descrita por

mostrar formalmente que la dimensión de homotecia sobre la que está construida no es un entero sino el log 4/log 3. Se tiene derecho a decir que una curva tal se sitúa en un espacio cuyo «número de dimensiones» está entre 1 y 2, y que, por tanto, es intuitivamente intermediaria entre línea y superficie. Porque su dimensión pertinente de homotecia es una fracción, Mandelbrot llama a esos objetos, objetos fractales.

Los trabajos de René Thom[201] van en un sentido análogo. Interrogan directamente la noción de sistema estable, que se presupone en el determinismo laplaciano e incluso posibilista.

Thom establece el lenguaje matemático que permite describir el modo en que las discontinuidades pueden producirse formalmente en sistemas determinados y dar lugar a formas inesperadas: ese lenguaje constituye la teoría llamada de las catástrofes.

Sea la agresividad una variable del estado de un perro; crece en función directa a su enfado, variable de control[202]. Suponiendo que éste sea mesurable, llegado a un punto, se traduce en ataque. El miedo, segunda variable de control, tendrá el efecto inverso y, llegado a un punto, se traducirá en huida. Sin enfado ni miedo, la conducta del perro es neutra (vértice de la curva de Gaus). Pero si las dos variables de control se cruzan, los dos puntos se acercarán al mismo tiempo: la conducta del perro se hace imprevisible, puede pasar bruscamente del ataque a la huida, y a la inversa. El sistema es llamado inestable: las variables de control varían continuamente, las de estado discontinuamente.

Thom muestra que se puede escribir la ecuación de esta inestabilidad, y designar el grafo (tridimensional, puesto que tiene dos variables de control y una de estado) que determina todos los movimientos del punto que representan el comportamiento del perro, y entre ellos el del paso brusco de un comportamiento al otro. Esta ecuación caracteriza un tipo de catástrofes, que es

Mandelbrot, *op, cit.*, pág. 30. Ha sido establecida por H. von Koch en 1904. Ver *Objets fractals*, bibliografía.

[201] *Modèles mathématiques de la morphogénese*, 10/18, 1974. Una exposición accesible al profano de la teoría de las catástrofes la da K. Pomian, «Catastrophes et déterminisme», *Libre*, 4 (1978), París, págs. 115-136.

[202] El ejemplo lo toma Pomian de E. C. Zeeman, «The Geometry of Catastrophe», *Times Literary Supplement* (10 de diciembre de 1971).

determinado por el número de variables de control y el de variables de estado (aquí 2 + 1).

La discusión acerca de los sistemas estables o inestables, acerca del determinismo o no, encuentra aquí una salida, que Thom formula en un postulado: «El carácter más o menos determinado de un proceso es determinado por el estado local de ese proceso»[203]. El determinismo es una especie de funcionamiento que está determinado en sí mismo: la naturaleza realiza en todas las circunstancias la morfología local menos compleja, que sea no obstante compatible con los datos iniciales locales[204]. Pero puede ser, y hasta es el caso más frecuente, que esos datos prohíban la estabilización de una forma. Pues a menudo se encuentran en conflicto: «El modelo de las catástrofes reduce todo proceso causativo a uno solo, por lo que la justificación intuitiva no plantea problemas: el conflicto, padre, según Heráclito, de todas las cosas»[205]. Hay más oportunidades de que las variables de control sean incompatibles que a la inversa. No hay, pues, más que «islotes de determinismo». El antagonismo catastrófico es la regla, en el sentido propio: hay reglas de la agonística general de las series, que se definen por el número de variables en juego.

No está prohibido encontrar un eco (atenuado, a decir verdad) a los trabajos de Thom en las investigaciones de Palo Alto, especialmente en la aplicación de la paradología al estudio de la esquizofrenia, que es conocida con el nombre de *Double Bind Theory*[206]. Aquí nos contentaremos con señalar ese acercamiento. Permite hacer que se comprenda la extensión de esas investigaciones centradas en las singularidades y las «inconmensurabilidades» hasta el dominio de la pragmática de las dificultades más cotidianas.

La idea que se saca de esas investigaciones (y de bastantes otras) es que la preminencia de la función continua derivada como paradigma del conocimiento y de la previsión está camino de desaparecer. Interesándose por los indecibles, los límites de la

---

[203] R. Thom, *Satabilité structurelle et morphnogenèse. Essai d'une théorie générale des modèles,* Reading (Mass), Benjamin, 1972, pág. 25. Citado por Pomian, *loc. cit.,* pág. 134.

[204] R. Thom, *Modéles mathématiques..., loc. cit.,* pág. 24.

[205] *Ibíd.,* pág. 25.

[206] Ver especialmente Watzlawick et al., *op. cit.,* capítulo VI.

precisión del control, los cuanta, los conflictos de información no completa, los *fracta,* las catástrofes, las paradojas pragmáticas, la ciencia postmoderna hace la teoría de su propia evolución como discontinua, catastrófica, no rectificable, paradógica. Cambia el sentido de la palabra saber, y dice cómo puede tener lugar ese cambio. Produce, no lo conocido, sino lo desconocido. Y sugiere un modelo de legitimación que en absoluto es el de la mejor actuación, sino el de la diferencia comprendida como paralogía[207].

Como dice muy bien un especialista de la teoría de los juegos, cuyos trabajos van en la misma dirección: «¿Dónde está la utilidad de esta teoría? Nosotros pensamos que la teoría de los juegos, como toda teoría elaborada, es útil en el sentido en que da nacimiento a ideas»[208]. Por su parte, P. B. Medawar[209] decía que «tener ideas es el logro supremo de un *savant»,* que no hay "método científico"[210] y que «un *savant* es ante todo alguien que "cuenta historias", y está obligado a verificarlas».

---

[207] «Es preciso distinguir las condiciones de la producción del saber científico del saber que es producido (...) Hay dos etapas constitutivas de la gestión científica, hacer desconocido lo conocido, después reorganizar este desconocimiento en un metasistema simbólico independiente (...). La especificidad de la ciencia depende de su imprevisibilidad» (P. Brenton, *Pandore,* 3, abril de 1979, pág. 10).

[208] Rapoport, *Théorie des jeux à deux personnes* (trad. francesa en Dunod, 1969, pág. 159).

[209] P. B. Medawar, *The Art of the Soluble,* 6.ª ed., Londres, Methuen, 1967, especialmente los capítulos titulados «Two Conceptions of Science» y «Hypothesis and Imagination».

[210] Lo que explica P. Feyerabend, *Against Method,* Londres, N.L.B., 1975, apoyándose en el ejemplo de Galileo, y que él reivindica como «anarquismo» o «dadaísmo» epistemológico contra Popper y Lakatos; trad. esp.: *Contra el método,* Madrid, Tecnos, 1983.

14
La legitimación por la paralogía

Decidimos aquí que los datos del problema de la legitimación del saber hoy están suficientemente despejados para nuestro propósito. El recurso a los grandes relatos está excluido; no se podría, pues, recurrir ni a la dialéctica del Espíritu ni tampoco a la emancipación de la humanidad para dar validez al discurso científico postmoderno. Pero, como se acaba de ver, el «pequeño relato» se mantiene como la forma por excelencia que toma la invención imaginativa, y, desde luego, la ciencia[211]. Por otra parte, el principio del consenso como criterio de validación parece también insuficiente. O bien es el acuerdo de los hombres en tanto que inteligencias cognoscentes y voluntades libres obtenido por medio del diálogo. Es en esta forma como se encuentra elaborado por Habermas. Pero esta concepción reposa sobre la validez del relato de la emancipación. O bien es manipulado por el sistema como uno de sus componentes en vistas a mantener y mejorar sus actuaciones[212]. Es objeto de procedimientos admi-

---

[211] No ha sido posible en el marco de este estudio analizar la forma que toma el regreso del relato en los discursos de legitimación, tales como: la sistemática abierta, la localidad, el antimétodo y, en general, todo lo que nosotros reagrupamos aquí bajo el nombre de paralogía.

[212] Nora y Minc atribuyen, por ejemplo, a la «intensidad del consenso social», que ellos consideran propia de la sociedad japonesa, el éxito que ese país consigue en cuestión informática (*op. cit.,* pág. 4). Escriben en su conclusión: «La sociedad a la cual ésta [la dinámica de una información social extendida] conduce es frágil: construida para favorecer la elaboración de un consenso, supone su exis-

nistrativos, en el sentido de Luhmann. No vale entonces más que como medio para el verdadero fin, el que legitima el sistema, el poder.

El problema es, pues, saber si es posible una legitimación que se autorizara por la sola paralogía. Es preciso distinguir lo que es propiamente paralogía de lo que es innovación: ésta es controlada, o en todo caso utilizada, por el sistema para mejorar su eficiencia; aquélla es una «jugada», de una importancia a menudo no apreciada sobre el terreno, hecha en la pragmática de los saberes. Que, en la realidad, una se transforme en la otra es frecuente, pero no necesario, y no necesariamente molesto para la hipótesis.

Si se vuelve a partir de la descripción de la pragmática científica (sección 7), el acento debe situarse de ahora en adelante en la disensión. El consenso es un horizonte, nunca es adquirido. Las investigaciones que se hacen bajo la égida de un paradigma[213] tienden a estabilizarlas; son como la explotación de una «idea» tecnológica, económica, artística. Lo que no es nada. Pero sorprende que siempre venga alguien a desordenar el orden de la «razón». Es preciso suponer un poder que desestabiliza las capacidades de explicar y que se manifiesta por la promulgación de nuevas normas de inteligencia o, si se prefiere, por la proposición de nuevas reglas del juego de lenguaje científico que circunscriben un nuevo campo de investigación. Es, en el comportamiento científico, el mismo proceso que Thom llama morfogénesis. En sí mismo no carece de reglas (hay clases de catástrofes), pero su determinación siempre es local. Llevada a la discusión científica y situada en una perspectiva temporal, esta propiedad implica la imprevisibilidad de los «descubrimientos». Con respecto a un ideal de transparencia, es un factor de formación de opacidades que deja el momento del consenso para más tarde[214].

Esta puntualización hace aparecer claramente que la teoría de sistemas y el tipo de legitimación que ella propone no tiene

tencia y se bloquea si no consigue obtenerlo» (*op. cit.* pág. 125). Y. Stourdzé, *art. cit.*, insiste en el hecho de que la tendencia actual a desregular, a desestabilizar, a debilitar las administraciones, se alimenta de la pérdida de confianza de la sociedad en la performatividad del Estado.

[213] En el sentido de Kuhn, *op. cit.*

[214] Pomian, *art. cit.*, muestra que este tipo de funcionamiento (por catástrofe) no procede en absoluto de la dialéctica hegeliana.

ninguna base científica: ni la ciencia funciona en su pragmática según el paradigma del sistema admitido por esta historia, ni la sociedad puede ser descrita según ese paradigma en los términos de la ciencia contemporánea.

Examinemos a este respecto dos puntos importantes de la argumentación de Luhmann. El sistema no puede funcionar más que reduciendo la complejidad, por una parte; y, por otra, debe suscitar la adaptación de las aspiraciones *(expectations)* individuales a sus propios fines[215]. Reducir la complejidad viene exigido por la competencia del sistema en lo que se refiere al poder. Si todos los mensajes pudieran circular libremente entre todos los individuos, la cantidad de informaciones a tener en cuenta para hacer las elecciones pertinentes retardaría considerablemente la toma de decisiones y, por tanto, la performatividad. La velocidad, en efecto, es un componente del poder del conjunto.

Se objetará que hay que tener en cuenta esas opiniones moleculares si no se quiere exponerse a graves perturbaciones. Luhmann responde, y es el segundo punto, que es posible dirigir las aspiraciones individuales por medio de un proceso de «casi-aprendizaje», «libre de toda perturbación», a fin de que lleguen a ser compatibles con las decisiones del sistema. Éstas últimas no tienen que respetar las aspiraciones: es preciso que las aspiraciones aspiren a esas decisiones, al menos a sus efectos. Los procedimientos administrativos harán «querer» por parte de los individuos lo que el sistema necesita para ser performativo[216]. Se ve qué utilidad pueden y podrían tener en esta perspectiva las técnicas telemáticas.

No se podría negar toda fuerza de persuasión a la idea de que el control y la dominación del contexto valen por sí mismos más

---

[215] «La legitimación de las decisiones implica fundamentalmente un proceso afectivo de aprendizaje que esté libre de toda perturbación. Es un aspecto de la pregunta general: ¿Cómo cambian las aspiraciones, cómo puede reestructurar el sub-sistema político y administrativo las aspiraciones de la sociedad gracias a decisiones mientras él mismo no es más que un sub-sistema? Ese segmento no tendrá una acción eficaz más que si es capaz de construir nuevas aspiraciones en los otros sistemas existentes, sean éstos personas o sistemas sociales» (*Legitimation durch Verfahren, loc. cit.* pág. 35).

[216] Se encuentra una articulación de esta hipótesis en los estudios más antiguos de D. Riesman, *The Lonely Crowd,* Cambridge (Mass.) Yale U. P., 1950 (trad. esp., *La muchedumbre solitaria,* Buenos Aires, Paidós, 1963); de W. H. Whyte, *The Organization Man,* Nueva York, Simon & Schuster, 1956; de Marcuse, *One Dimensional Man,* Boston, Beacon, 1965 (trad. esp., *El hombre unidimensional,* Barcelona, Seix Barral, 1969).

que su ausencia. El criterio de performatividad tiene sus «ventajas». Excluye, en principio, la adhesión a un discurso metafísico, requiere el abandono de las fábulas, exige mentes claras y voluntades frías, sitúa al cálculo de las interacciones en el puesto de la definición de las esencias, hace asumir a los «jugadores» la responsabilidad, no sólo de los enunciados, sino también de las reglas a las que los someten para hacerlos aceptables. Saca a plena luz las funciones pragmáticas del saber puesto que ellas parecen colocarse bajo el criterio de eficiencia: pragmáticas de la argumentación, de la administración de la prueba, de la transmisión de lo conocido, del aprendizaje a imaginar.

Contribuye así a elevar todos los juegos de lenguaje, incluso si no proceden del saber canónico, al conocimiento de sí mismos, tiende a hacer caer el discurso cotidiano en una especie de metadiscurso: los enunciados ordinarios presentan una propensión a citarse a sí mismos y los diversos puestos pragmáticos a referirse indirectamente al mensaje sin embargo actual que los concierne[217]. Puede sugerir que los problemas de comunicación interna que encuentra la comunidad científica en su trabajo para deshacer y rehacer sus lenguajes son de una naturaleza comparable a los de la colectividad social cuando, privada de la cultura de los relatos, debe poner a prueba su comunicación consigo misma, e interrogarse por eso mismo acerca de la naturaleza de la legitimidad de las decisiones tomadas en su nombre.

A riesgo de escandalizar, el sistema incluso puede contar entre el número de sus ventajas, su duración. En el marco del criterio de poder, una demanda (es decir, una forma de prescripción) no obtiene ninguna legitimidad del hecho de que proceda del sufrimiento a causa de una necesidad insatisfecha. El derecho no viene del sufrimiento, viene de que el tratamiento de éste hace al sistema más performativo. Las necesidades de los más desfavorecidos no deben servir en principio de regulador del sistema, pues al ser ya conocida la manera de satisfacerlas, su satisfacción no puede mejorar sus actuaciones, sino solamente dificultar sus gastos. La única contra-indicación es que la no-

---

[217] J. Rey-Debove (*op. cit.*, págs. 228 y ss.) señala la multiplicación de señales de discurso indirecto o de connotación autonímica en la lengua cotidiana contemporánea. Pues, recuerda, «el discurso indirecto no es de fiar».

satisfacción puede desestabilizar el conjunto. Es contrario a la fuerza regularse de acuerdo a la debilidad. Pero le es conforme suscitar demandas nuevas que se considera que deben dar lugar a la redefinición de las normas de «vida»[218]. En ese sentido, el sistema se presenta como la máquina vanguardista que arrastra a la humanidad detrás de ella, deshumanizándola para rehumanizarla a un distinto nivel de capacidad normativa. Los tecnócratas declaran que no pueden tener confianza en lo que la sociedad designa como sus necesidades, «saben» que no pueden conocerlas puesto que no son variables independientes de las nuevas tecnologías[219]. Tal es el orgullo de los «decididores», y su ceguera.

Este «orgullo» significa que se identifican con el sistema social concebido como una totalidad a la búsqueda de su unidad más performativa posible. Si se vuelve hacia la pragmática científica, ésta nos enseña precisamente que esta identificación es imposible: en principio, ningún científico encarna el saber ni descuida las «necesidades» de una investigación o las aspiraciones de un investigador so pretexto de que no son performativos para la «ciencia» en cuanto totalidad. La respuesta normal del investigador a las demandas es más bien esta: es preciso ver, cuente su historia[220]. En principio, todavía no prejuzga que el

---

[218] Pues, como dice G. Canguihem, «el hombre no está verdaderamente sano más que cuando es capaz de muchas normas, cuando es más que normal» («Le normal et le pathologique», 1951), *La connaissance de la vie*, París, Hachette, 1952, pág. 210.

[219] E. E., David *(art. cit.)* señala que la sociedad sólo puede conocer las necesidades que experimenta en el estado actual de su medio tecnológico. Lo propio de la ciencia fundamental es descubrir las propiedades desconocidas que van a remodelar el medio técnico y crear necesidades imprevisibles. Cita la utilización de la materia sólida como amplificador y el empuje de la física de los sólidos. La crítica de esta «regulación negativa» de las interacciones sociales y de las necesidades por parte del objeto técnico contemporáneo la hace R. Jaulin, «Le mythe technologique», *Revue de l'entreprise*, 26 (núm. especial «L'ethnotechnologie», marzo de 1979), págs. 49-55. El autor da cuenta de A. G. Haudricourt, «La technologie culturelle, essai de méthodologie», en B. Gille, *Historie des techniques, loc. cit.*

[220] Medawar (*op. cit.*, págs. 151-152) opone el estilo escrito y el estilo oral de los científicos. El primero debe ser «inductivo» so pena de no ser tomado en consideración; del segundo, señala una lista de expresiones corrientemente usadas en los laboratorios, como: *My results don't make a story yet.* Y concluye: «Scientists are building explanatory structures, *telling stories* (...)».

caso esté ya regulado, ni que la «ciencia» se resentirá en su potencia si se la reexamina. Es incluso a la inversa.

Claro está que las cosas no siempre son así en la realidad. No se tienen en cuenta a los investigadores cuyas «jugadas» han sido menospreciadas o reprimidas, a veces durante decenios, porque desestabilizaban demasiado violentamente posiciones adquiridas, no sólo en la jerarquía universitaria y científica, sino en la problemática[221]. Cuanto más fuerte es una «jugada», más cómodo resulta negarle el consenso mínimo justamente porque cambia las reglas del juego sobre las que existía consenso. Pero cuando la institución *savante* funciona de esta manera, se comporta como un poder ordinario, cuyo comportamiento está regulado como homeostasis.

Ese comportamiento es terrorista, como lo es el del sistema descrito por Luhmann. Se entiende por terror la eficiencia obtenida por la eliminación o por la amenaza de eliminación de un «compañero» del juego de lenguaje al que se jugaba con él. Este «compañero» se callará o dará su asentimiento, no porque sea rechazado, sino porque se le amenaza con ser privado de jugar (hay muchos tipos de privación). El orgullo de los «decididores», del cual en principio no existe equivalente en las ciencias, vuelve a ejercer este terror. Dice: adapte sus aspiraciones a nuestros fines, si no...[222].

Incluso la permisividad con respecto a los diversos juegos está situada bajo la condición de performatividad. La redefinición de las normas de vida consiste en la mejora de la competencia del sistema en materia de poder. Eso es particularmente

---

[221] Para un ejemplo célebre, ver L. S. Feuer, *The Conflict of Generations* (1969) (trad. francesa, *Einstein et le conflic des générations,* Bruselas, Complexe, 1979). Como subraya Moscovici en su prefacio a la traducción francesa, «La Relatividad ha nacido en una 'academia' de fortuna, formada por amigos de los cuales ninguno es físico, sino ingenieros y filósofos aficionados».

[222] Es la paradoja de Orwell. El burócrata habla: «No nos contentamos con una obediencia negativa, ni siquiera con la sumisión más abyecta. Cuando por fin te rindas a nosotros, tendrá que impulsarte a ello tu libre voluntad» (*1984,* Nueva York, Harcout &Brace, 1949 [trad. esp. de R. Vázquez Zamora, 2.ª ed., Barcelona, Destino, 1966, pág. 269]. La paradoja se expresaría en juego de lenguaje por un *Sé libre,* o también por un: *Quiere lo que quieres.* Es analizado por Watzlawich et al., *op. cit.,* págs. 203-207. Ver acerca de esas paradojas, J. M. Salanskis, «Genèses 'actuelles' et genèses 'serielles' de l'inconsistant et de l'hétérogène», *Critique,* 379 (diciembre, 1978), págs. 1155-1173.

evidente con la introducción de las tecnologías telemáticas: los tecnócratas ven ahí la promesa de una liberación y de un enriquecimiento de las interacciones entre locutores, pero el efecto interesante es que resultarán nuevas tensiones en el sistema, que mejorarán sus actuaciones[223].

En tanto es diferenciadora, la ciencia en su pragmática ofrece el antimodelo del sistema estable. Todo enunciado debe retenerse desde el momento en que comporta la diferencia con lo que se sabe, y en que argumenta y prueba. Es el modelo de «sistema abierto»[224] en el cual la pertinencia del enunciado es que «da nacimiento a ideas», es decir, a otros enunciados y a otras reglas de juego. No hay en la ciencia una *métalangue* general en la cual todas las demás puedan transcribirse y evaluarse. Es lo que prohíbe la identificación con el sistema y, a fin de cuentas, el terror. La separación entre «decididores» y ejecutantes, si existe en la comunidad científica (y existe), pertenece al sistema socioeconómico, no a la pragmática científica. Es uno de los principales obstáculos para el desarrollo de la imaginación de los sabedores.

La cuestión de la legitimación generalizada se convierte en: ¿cuál es la relación entre el antimodelo ofrecido por la pragmática científica y la sociedad? ¿Es aplicable a las inmensas nubes de materia lingüística que forman las sociedades? ¿o bien se mantiene limitada al juego del conocimiento? Y en ese caso, ¿qué papel juega con respecto al lazo social? ¿Ideal inaccesible de comunidad abierta? ¿Componente indispensable del subconjunto de los «decididores», que acepta para la sociedad el criterio de performatividad que rechaza para sí misma? O, a la inversa, ¿rechazo de cooperación con los poderes, y paso a la contra-cultura, con riesgo de extinción de toda posibilidad de investigación por falta de crédito?[225].

Hemos subrayado desde el principio de este estudio la diferencia, no sólo formal, sino pragmática, que separa los diversos

---

[223] Ver la descripción de tensiones que no dejará de crear la informatización de masas en la sociedad francesa según Nora y Minc (*op. cit.*, Presentación).

[224] Ver nota 181. Cfr. en Waztlawick et al., *op. cit.*, págs. 117-148, la discusión de los sistemas abiertos. El concepto de sistemática abierta es objeto de un estudio de J. M. Salanskis, *Le systématique ouvert*, 1978.

[225] Después de la separación de Iglesia y Estado, Feyerabend *(op. cit)* reclama en el mismo espíritu «laico» la de Ciencia y Estado. ¿Y la de Ciencia y Dinero?

juegos de lenguaje, especialmente denotativos o de conocimiento, y prescriptivos o de acción. La pragmática científica se centra en los enunciados denotativos, es por lo que da lugar a instituciones de conocimiento (institutos, centros, universidades, etc.). Pero su desarrollo postmoderno pone en primer plano un «hecho» decisivo: que incluso la discusión de enunciados denotativos exige reglas. Puesto que las reglas no son enunciados denotativos, sino prescriptivos, es mejor llamarlas metaprescriptivas para evitar confusiones (prescriben lo que deben ser las «jugadas» de los juegos de lenguaje para ser admisibles). La actividad diferenciadora, o de imaginación, o de paralogía en la pragmática científica actual, tiene por función el hacer aparecer esos metaprescriptivos (los «presupuestos»)[226], y exigir que los «compañeros» acepten otros. La única legitimación que hace concebible, a fin de cuentas, una demanda tal es: dará nacimiento a ideas, es decir, a nuevos enunciados.

La pragmática social no tiene la «simplicidad» de la de las ciencias. Es un monstruo formado por la imbricación de redes de clases de enunciados (denotativos, prescriptivos, performativos, técnicos, evaluativos, etc.) heteromorfos. No hay ninguna razón para pensar que se puedan determinar metaprescripciones comunes a todos esos juegos de lenguajes y que un consenso revisable, como el que reina en un determinado momento en la comunidad científica, pueda comprender el conjunto de metaprescripciones que regulan el conjunto de enunciados que circulan en la colectividad. Incluso al abandono de esta creencia está ligado el declive actual de los relatos de legitimación, sean éstos tradicionales o «modernos» (emancipación de la humanidad, devenir de la idea). Es igualmente la pérdida de esta creencia lo que la ideología del «sistema» viene a la vez a satisfacer por medio de su pretensión totalizante y a expresar por medio del cinismo de su criterio de performatividad.

Por esta razón, no parece posible, ni siquiera prudente, orientar, como hace Habermas, a la elaboración del problema de la legitimación en el sentido de la búsqueda de un consenso uni-

---

[226] Ésta es al menos una de las maneras de comprender ese término que pertenece a la problemática de O. Ducrot, *op. cit.*

versal[227] por medio de lo que él llama el *Diskurs,* es decir, el diálogo de argumentaciones[228].

Es, en efecto, suponer dos cosas. La primera, que todos los locutores pueden ponerse de acuerdo acerca de las reglas o de las metaprescripciones universalmente válidas para todos los juegos de lenguaje, mientras que es claro que éstos son heteromorfos y proceden de reglas pragmáticas heterogéneas.

La segunda suposición es que la finalidad del diálogo es el consenso. Pero hemos mostrado, al analizar la pragmática científica, que el consenso no es más que un estado de las discusiones y no su fin. Éste es más bien la paralogía. Lo que desaparece con esta doble comprobación (heterogeneidad de reglas, búsqueda de la disensión) es una creencia que todavía anima la investigación de Habermas: saber que la humanidad como sujeto colectivo (universal) busca su emancipación común por medio de la regularización de «jugadas» permitidas en todos los juegos de lenguaje, y que la legitimidad de un enunciado cualquiera reside en su contribución a esta emancipación[229].

Se comprende así cuál es la función de ese recurso en la argumentación de Habermas contra Zuhmann. El *Diskurs* es el último obstáculo opuesto a la teoría del sistema estable. La cau-

---

[227] *Raison et légitimité, loc. cit.,* passim, especialmente págs. 23-24: «El lenguaje funciona como un transformador: (...) los conocimientos personales se transforman en enunciados, las necesidades y los sentimientos en expectativas normativas (mandamientos o valores). Esta transformación establece la diferencia importante que separa la subjetividad de la intención, del querer, del placer y del dolor, por una parte, y las expresiones y las normas que tienen *pretensión de universalidad,* por otra. Universalidad quiere decir objetividad del conocimiento y legitimidad de las normas en vigor. Esta objetividad y esta legitimidad aseguran la comunidad *(Gemeinsamkeit)* esencial en la constitución del mundo. Se ve que la problemática circunscrita de esta manera, al bloquear la cuestión de la legitimidad en un tipo de respuesta, la universalidad, por una parte presupone la identidad de la legitimación para el sujeto de conocimiento y para el sujeto de acción, frente a la crítica Kantiana que disociaba la universalidad conceptual apropiada al primero, de la universalidad ideal (la «naturaleza suprasensible») que sirve de horizonte al segundo; y por otra parte, mantiene el consenso *(Gemeinschaft)* como único horizonte posible de la vida de la humanidad.

[228] *Ibíd.,* pág. 22 y la nota del traductor. La subordinación de los metaprescriptivos de la prescripción, es decir, de la normalización de las leyes, en el *Diskurs* es explícita, por ejemplo, pág. 146: «La pretensión normativa con validez es en sí misma cognitiva en el sentido de que siempre supone que podría ser admitida en una discusión racional.»

[229] G. Kortian, en *Métacritique,* París, Minuit, 1979, parte V, hace un examen crítico de este aspecto *aufklärer* del pensamiento de Habermas. Ver también del mismo autor: «Le discours philosophique et son objet», *Critique,* 1979.

sa es buena, pero los argumentos no lo son[230]. El consenso se ha convertido en un valor anticuado, y sospechoso. Lo que no ocurre con la justicia. Es preciso, por tanto, llegar a una idea y a una práctica de la justicia que no esté ligada a las del consenso.

El reconocimiento del heteromorfismo de los juegos de lenguaje es un primer paso en esta dirección. Implica, evidentemente, la renuncia al terror, que supone e intenta llevar a cabo su isomorfismo. El segundo es el principio de que, si hay consenso acerca de las reglas que definen cada juego y las «jugadas» que se hacen, ese consenso *debe* ser local, es decir, obtenido de los «jugadores» efectivos, y sujeto a una eventual rescisión. Se orienta entonces hacia multiplicidades de meta-argumentaciones finitas, o argumentaciones que se refieren a metaprescriptivos y limitadas en el espacio-tiempo.

Esta orientación corresponde a la evolución de las interacciones sociales, donde el contrato temporal suplanta de hecho la institución permanente en cuestiones profesionales, afectivas, sexuales, culturales, familiares, internacionales, lo mismo que en los asuntos políticos. La evolución es evidentemente equívoca: el contrato temporal es favorecido por el sistema a causa de su gran flexibilidad, de su menor costo, y de la efervescencia de las motivaciones que lo acompañan, todos ellos factores que contribuyen a una mejor operatividad. Pero no es cuestión, en cualquier caso, de proponer una alternativa «pura» al sistema: todos sabemos, en estos años 70 que terminan, que se le parecerá. Es preciso alegrarse de que la tendencia al contrato temporal sea equívoca: no pertenece sólo a la finalidad del sistema, sino que éste la tolera, e indica en su seno otra finalidad, la del conocimiento de los juegos de lenguaje en cuanto tales y de la decisión de asumir la responsabilidad de sus reglas y de sus efectos, el principal de los cuales es el que da valor a la adopción de aquéllas, la búsqueda de la paralogía.

En cuanto a la informatización de las sociedades, se ve, finalmente, cómo afecta a esta problemática. Puede convertirse en el instrumento «soñado» de control y de regulación del sistema de mercado, extendido hasta el propio saber, y exclusivamente regi-

---

[230] Ver J. Poulain, *art. cit.,* nota 28; y para una discusión más general de la pragmática de Searle y de Gehlen, J. Poulain, «Pragmatique de la parole et pragmatique de la vie», *Phi Zero,* 7, 1 (septiembre de 1978), Universidad de Montreal, págs. 5-50.

do por el principio de performatividad. Comporta entonces inevitablemente el terror. También puede servir a los grupos de discusión acerca de los metapresciptivos dándoles informaciones de las que bastante a menudo carecen para decidir con conocimiento de causa. La línea a seguir para hacer que se bifurque en ese último sentido es demasiado simple en principio: consiste en que el público tenga acceso libremente a las memorias y a los bancos de datos[231]. Los juegos de lenguaje serán entonces juegos de información completa en el momento considerado. Pero también serán juegos de suma y sigue, y, por ese hecho, las discusiones nunca se arriesgarán a establecerse sobre posiciones de equilibrio mínimas, por agotamiento de los envites. Pues los envites estarán constituidos entonces por conocimientos (o informaciones, si se quiere) y la reserva de conocimientos, que es la reserva de la lengua en enunciados posibles, es inagotable. Se apunta una política en la cual serán igualmente respetados el deseo de justicia y el de lo desconocido.

---

[231] Ver Tricot *et al., Informatique et libertés,* informe gubernamental, La Documentation française, 1975. L. Joinet: «Les 'pièges liberticides' de l'informatique», *Le Monde diplomatique,* 300 (marzo de 1979): esas trampas son «la aplicación de la técnica de los 'perfiles sociales' a la gestión de masa de las poblaciones; la lógica de seguridad que produce la automatización de la sociedad». Ver también los informes y los análisis reunidos en *Interférences,* 1 y 2 (invierno de 1974, primavera de 1975), cuyo tema es la puesta a punto de redes populares de comunicación multimedia: los radioaficionados (y especialmente su papel en Quebec cuando el asunto del Frente de Liberación de Quebec en octubre de 1970, y el del «Frente común» en mayo de 1972); las radios comunitarias en Estados Unidos y Canadá; el impacto de la informática en las condiciones de trabajo de redacción de la prensa; las radios piratas (con su desarrollo en Italia); los ficheros administrativos; el monopolio de I.B.M.; el sabotaje informativo. El ayuntamiento de Yverdon (Cantón de Vaud), después de haber votado la adquisición de un ordenador (operativo en 1981) ha dictado determinado número de reglas: competencia exclusiva del consejo municipal para decidir qué datos son colectivos, cuándo y en qué condiciones pueden ser comunicados; accesibilidad a todos los datos de todo ciudadano (previo pago); derecho de todo ciudadano a conocer los datos de su ficha (unos cincuenta), corregirlos, formular al respecto una reclamación al consejo municipal y eventualmente al Consejo de Estado; derecho de todo ciudadano a saber (previa petición) qué datos concernientes a él son comunicados y a quién (*La semaine media,* 18, 1 de marzo de 1979, pág. 9).